Sprung in den Staub

Wolfgang Beck

Sprung in den Staub

Elemente einer risikofreudigen Praxis christlichen Lebens

Ein Essay

Matthias Grünewald Verlag

VERLAGSGRUPPE PATMOS

PATMOS
ESCHBACH
GRÜNEWALD
THORBECKE
SCHWABEN
VER SACRUM

Die Verlagsgruppe
mit Sinn für das Leben

Die Verlagsgruppe Patmos ist sich ihrer Verantwortung gegenüber
unserer Umwelt bewusst. Wir folgen dem Prinzip der Nachhaltigkeit
und streben den Einklang von wirtschaftlicher Entwicklung, sozialer
Sicherheit und Erhaltung unserer natürlichen Lebensgrundlagen an.
Näheres zur Nachhaltigkeitsstrategie der Verlagsgruppe Patmos auf
unserer Website www.verlagsgruppe-patmos.de/nachhaltig-gut-leben

Bibliografische Information der Deutschen Nationalbibliothek
Die Deutsche Nationalbibliothek verzeichnet diese Publikation in der
Deutschen Nationalbibliografie; detaillierte bibliografische Daten sind
im Internet über http://dnb.d-nb.de abrufbar.

Alle Rechte vorbehalten
© 2024 Matthias Grünewald Verlag
Verlagsgruppe Patmos in der Schwabenverlag AG, Ostfildern
www.gruenewaldverlag.de

Umschlaggestaltung: Finken & Bumiller, Stuttgart
Umschlagabbildung: Tim Hufner / unsplash.com
Satz: Schwabenverlag AG, Ostfildern
Druck: GGP Media GmbH, Pößneck
Hergestellt in Deutschland
ISBN 978-3-7867-3373-7

Inhalt

Einleitung
Auf Unübersichtlichkeit einlassen 12

1. Das riskante Leben in der Spätmoderne
Überforderung 27
Symbole der Stabilität? 29
Suche nach stabiler Identität 32
Die Angst vor der falschen Entscheidung 34
Der Ausfall des gemeinsamen Nenners 41
Wagnis Mensch 43

2. Unübersichtlichkeit und ihre institutionellen Versuchungen
Das Ideal des Eindeutigen erlangt problematische Dominanz 52
Charismen – Inbegriff und Zumutung von Vielfalt 58
Es gibt sie: die Traditionssegmente der Pluralität 60

3. Wenn die Kirche nur noch die Kirche rettet
Die christliche Entzogenheit des eigenen Ursprungs 67
Hinwendung statt Abgrenzung 68
Kein Kampf gegen Ansehensverluste 70

4. Religiöse Kommunikation als Beziehungsarbeit
Vom Mitlaufen und Nachfolgen 76
Christliche Verpflichtung: Mund aufmachen! 80

5. Das unterschätzte Potenzial der eigenen Vielfalt

    Wenn alle Menschen in den Blick kommen 90
    Weihnachtsbäume und mineralische Energien 93
    Weil es sich gut anfühlt 96
    Das Volk Gottes ist nicht unter sich 101
    Kirchliche Praxis, die lebensdienlich zu sein hat 102
    Die wichtigste Leerstelle: Noli me tangere 107

6. Theologie der »dreckigen Hände«

    Vergewisserung 112
    Salz der Erde? 118

7. Jenseits der Sorge um das eigene Profil: Orientierung am Gemeinwohl

    Kompliz:innenschaft als Modell kirchlicher Präsenz 128
    Kirche im Verbund von »Caring Communities« 132
    Kirche als Beziehungsfrage 136
    Mit allen Menschen – mit allen Geschöpfen 137
    »Community Organizing« als pastorale Vorlage 138

    Anmerkungen 146

Einleitung

Das Thema der Risikofreude begleitet mich seit vielen Jahren. Es zeigt Verbindungen in den mittlerweile beachtlichen Wissenschaftsbereich der Risikosoziologie auf und hat insbesondere mit Ulrich Beck und seiner Analyse der »Risikogesellschaft« bzw. der »Weltrisikogesellschaft« einen bereits in den 1980er und 1990er Jahren renommierten Protagonisten. Seine Arbeiten wurden in Universitätsseminaren während meiner Studienzeit intensiv in der Theologie rezipiert. Zwar hat sich die Risikosoziologie aus ihren Anfängen insbesondere im Feld der Atomphysik und der Technikfolgenabschätzung intensiv entwickelt, ein weitergehendes Aufgreifen im Bereich der Theologie war jedoch kaum zu beobachten. Das Vermissen einer weitergehenden theologischen Beschäftigung mit Fragen von Risiken und Risikofreude war einer der wichtigen Impulse für die Entstehung meiner Habilitationsschrift mit dem Titel »Ohne Geländer« im Jahr 2021. Das vorliegende Buch nimmt nun einige Rückmeldungen auf, um einzelne Aspekte einer breiteren Leser:innenschaft zugänglich zu machen.

Warum sollten sich Christ:innen mit Elementen der soziologischen Gegenwartsanalyse befassen und sie dann auch noch in ihr spirituelles Leben integrieren? Weil sich christlicher Glaube, kirchliches Leben und theologische Wissenschaft nicht ausschließlich aus den Autoritäten biblischer und historischer Quellen speisen. Als die katholische Kirche mit dem Zweiten Vatikanischen Konzil ihr Verhältnis zur Moderne grundlegend neu ausrichtet, kommt es insbesondere in dem zentralen Dokument, der Pastoralkonstitution Gaudium et spes, zur Bestimmung der Kirche als einer lernenden Organisation. Das beständige Fragen nach den Zeichen der Zeit ist nur ein Motiv, in dem sich dieses Anliegen ausdrückt. So haben Theologie und Kirche das Gespräch mit allen Zeitgenoss:innen zu suchen, selbst ablehnenden oder feindlich gesonnenen, um auch die eigenen Glaubensinhalte besser und vertiefter zu begreifen. Die katholische Kirche versteht sich also nicht nur belehrend, sondern lernend. Und dies sogar primär! Hinzu kommt, dass die Kirche in diesem Schritt ein Selbstverständnis überwindet, mit dem sie sich als Gegenüber zur Gesellschaft versteht. Gerade die Konflikte des 19. Jahrhunderts hatten in vielen Ländern dazu geführt, dass die katholische Kirche eine ablehnende Haltung gegenüber grundlegenden Errungenschaften der Moderne, insbesondere gegenüber den Ideen der Menschenrechte und der Demokratie entwickelte. Es gehört zu den erstaunlichen Dynamiken kirchlich-lehramtlicher Entwicklungen, diese Konfrontationen zu überwinden und Korrekturen zuzulassen. Angesichts derart umwälzender Lernprozesse muten Versuche befremdlich an, sie als kontinuierlich verlaufende Prozesse zu deuten. Eher wäre von Entwicklungssprüngen zu reden. Deren Ergebnis war freilich eine »halbierte Moderne«, bei der die inneren Strukturen der katholischen Kirche durch einen Mangel an Partizipationsmöglichkeiten tendenziell in einem Widerspruch zu ihrem gesellschaftlichen Engagement standen – und stehen. Die Ansätze des Synodalen Weges der katholischen Kirche in Deutschland und des Synodalen Prozesses auf weltkirchlicher Ebene lassen sich als erste Schritte begreifen, diese bestehenden Widersprüche zu bearbeiten. Schließlich muss es Menschen mit christlichem Glauben und wohl auch alle Mitmenschen beunruhigen, wenn mit der katholischen Kirche die größte Religionsgemeinschaft in Deutschland vielen Menschen aufgrund der geschlechtlichen Identität als Ort struktureller Diskriminierungen gilt. Es kann niemanden im Bereich der katholischen Theologie unberührt lassen, wenn mit der römisch-katholischen Kirche ein wichtiger gesellschaftlicher Player und eine große staatliche Kooperationspartnerin besteht, in der die Mindeststandards von partizipativer Mitbestimmung und Transparenz, von Gleichberechtigung und demokratischer Kontrolle unterlaufen werden. Wo dies jedoch konstatiert werden muss, entstehen Beschädigungen am gesellschaftlichen Miteinander wie auch an der Verkündigung der christlichen Glaubensbotschaft selbst. In diesem Fall erwächst aus der immer noch bestehenden Kontrastierung der katholischen Kirche gegenüber der Gegenwartsgesellschaft eine problematische Entsolidarisierung, die der eigenen Botschaft widerspricht und sie sogar beschädigt.

Um diese eklatante Situation zu überwinden, kann die katholische Theologie auf Ansätze wie die des Dominikanermönches Melchior Cano zurückgreifen, der schon im 16. Jahrhundert Lernorte der Theologie jenseits von Bibel und Tradition identifiziert hat. Auch in Philosophie, Vernunft und Geschichte findet die katholische Theologie also ihre Lernorte. In der Beschäftigung mit diesen »loci theologici alieni«, also theologischen Andersorten, findet sie ebenfalls zu sich selbst und begibt sich in eine Bewegung, in der Glaube und Theologie nicht mehr vom Denken der Gegenwartsgesellschaft abgegrenzt werden müssen. Sich an diese Tradition zu erinnern, könnte bereits als grundlegendes Risiko erscheinen. Traditionalistische Ansätze bedürfen bekanntlich einer Geschichtsvergessenheit, um sodann einzelne historische Segmente als absoluten Maßstab übersteigern zu können. Historisches Wissen um die prozesshafte Entstehung kirchlicher Positionen, umfassende Lernprozesse und Korrekturen von Fehleinschätzungen verhindern dagegen traditionalistische Denkmuster. Die dynamische Entwicklung kirchlicher und theologischer Motive zu würdigen ist ein lohnendes Risiko, das zur Risikofreude werden kann, weil es offene Lernprozesse mit markiert. Damit entsteht die Ermutigung einerseits auch weitere Felder im Bestand der christlichen Tradition und Theologie wahrzunehmen, die das Potenzial in sich tragen, auch im 21. Jahrhundert gesellschaftlichen und kulturellen Anschluss zu ermöglichen. Beispiele finden sich gerade dort, wo in Kirche und Theologie positiv gestaltend mit Vielfalt und Pluralität umgegangen wurde. Und andererseits gilt es, über diese Bestände hinaus zu denken und sich von gegenwartsgesellschaftlichen Fragestellungen herausfordern zu lassen.

Auf Unübersichtlichkeit einlassen

Das Einlassen auf die Unübersichtlichkeit der Spätmoderne gilt vielen Menschen als größte Herausforderung der Gegenwart. Man kann deshalb die Neigung, in der Unübersichtlichkeit nach einheitlichen Ordnungen zu suchen, als massive Versuchung bezeichnen. Denn mit solchen Ordnungen lässt sich vordergründig Sicherheit und Stabilität erzeugen. Doch es sind Konstruktionen, die auf wackeligen Beinen stehen. Denn bei genauerer Betrachtung wird schnell klar, dass selbst die katholischen Traditionen vielfältiger sind, als denjenigen lieb ist, die mit ihnen Stabilität erzeugen wollen. Bei ihnen handelt es sich um künstlich erzeugte Einheitlichkeit. Der Münsteraner Theologe Michael Seewald hat diese künstlich konstruierten Einheitlichkeiten als »Kontinuitätskosmetik«[1] bezeichnet. Sie sind meist dem Feld der theologischen Populismen zuzuordnen, weil sie nur ausgewählte Elemente der Theologiegeschichte nutzen, lehramtliche und theologiegeschichtliche Brüche verleugnen, anstatt sie zu würdigen und unbequeme wissenschaftliche Erkenntnisse ignorieren.

In diesem Buch sollen einzelne Bereiche des theologischen Fundus zur Sprache kommen, in denen eine positive Kultur der Vielfalt und Ambiguität erkennbar ist, weil sie die Grundlage dafür bieten, einen großartigen Traditionsstrang risikoaffiner und pluralitätsfreudiger Theologien sichtbar zu machen. Dieser Bereich der christlichen und kirchlichen Tradition führt über weite Strecken ein Schattendasein. Er wurde und wird vernachlässigt, weil sich mit den Ansätzen stabilitätsorientierter theologischer Muster leichter und effektiver ein kirchliches Profil erzeugen lässt. Zu diesen stabilitätsaffinen Elementen lassen sich die Ausbildung einer hierarchischen Ämterstruktur mit einer latenten Tendenz zu intransparenten Machtstrukturen zählen. Ebenso gehört die Vorstellung der zu priorisierenden eng begrenzten Glaubensinhalte in Form von Katechismen dazu. All diese Elemente haben einen großen Wert in bestimmten Phasen der kirchlichen Entwicklung. Sie können allerdings die risikoaffinen Elemente des Christentums verdecken, die deshalb mit etwas Aufwand zu identifizieren und immer wieder in das kirchliche Leben einzubringen sind. Dabei handelt es sich um Bereiche wie die paulinische Lehre der verschiedenen Charismen, die Vielfalt der innerbiblischen Theologien bis hin zur Verschiedenheit der Evangelien, die Bewegungen der Inkulturation des christlichen Glaubens in ganz unterschiedliche Vollzüge und Ausdrucksformen. Es gehören aber auch jüngere Entwicklungen dazu, wie der ökumenische Dialog unter den verschiedenen christlichen Kirchen oder der interreligiöse Dialog, die immer auch mit irritierenden und damit impulsgebenden Anfragen verbunden sind.

Der Jesuit und Theologe Karl Rahner hat im christlichen Glauben den »Tutiorismus des Wagnisses«[2] als entscheidende Dynamik ausgemacht. Er greift dabei auf einen medizinischen

Begriff zurück. Der Begriff des »Tutiorismus« drückt aus, dass Mediziner:innen im Zweifelsfall die sicherste Therapie oder Maßnahme zu wählen haben. Diese Logik spiegelt Rahner um 180 Grad, wenn bei ihm aus der – in medizinischer Hinsicht sehr vernünftigen – Priorität der Sicherheit, eine Priorität des Wagnisses wird.[3] Das Risiko im Denken besteht im Überschreiten des Vertrauten, im Einlassen auf offene Prozesse und in der Bereitschaft, sich jenseits bestehender Denkmuster lustvoll auf Verunsicherungen einzulassen. Das Risiko unterscheidet sich (nach Niklas Luhmann) durch die aktive Gestaltung von der bloßen Gefahr, jener Bedrohung, der Menschen ausgeliefert sind. Mit der Fokussierung auf das Risiko ist zugleich die Frage nach einer christlichen Risikofreude aufgeworfen, ohne die christlicher Glaube zu bloßer Bürgerlichkeit herabzusinken droht.

Dies ist kein Buch der wissenschaftlichen Theologie. Es ist eine Sammlung geistlicher Fragen, die im Laufe einiger Jahre am Rand des wissenschaftlich-theologischen Arbeitens entstanden sind. Sie sind allerdings eng mit meinem wissenschaftlichen Arbeiten in der Pastoraltheologie verbunden. Dass pastoraltheologische Überlegungen hier mit sehr persönlichen Reflexionen verbunden sind, mag gerade im Jahr 2024, in dem auf eine 250jährige Geschichte der Pastoraltheologie geschaut wird, markant in Erinnerung rufen: Die Auseinandersetzung mit den zentralen Gegenwartsfragen erlaubt keine sachlich-neutrale Position. Dieses Buch lässt sich deshalb auch als spiritueller Hintergrund meines wissenschaftlichen Arbeitens als Theologe und meines pastoralen Arbeitens in der Kirche verstehen. Ich schreibe es, um Hinweisen zu meiner bisherigen Arbeit nachzugehen und mir zugleich selbst über einige Fragen des Glaubens Rechenschaft zu geben. Entstanden ist damit ein Essay – in der Hoffnung, dass er einigen Menschen Impulse für die eigene Glaubenssuche geben kann. Ob das gelingt, liegt nur in begrenztem Rahmen in der Hand des Verfassers.

Für Hinweise und Unterstützung bei der Erstellung dieses Essays danke ich ganz herzlich Ansgar Weiß, Eva Wilbert, Jessica K. Lust und Andrea Qualbrink, wie auch Melanie Wurst, Christian Fröhling, Rainer Bucher und den Kolleg:innen des »theologischen Ateliers« für den freundschaftlichen Austausch, der in viele Gedanken eingegangen ist. Für die redaktionelle Betreuung gilt der Dank Herrn Sühs vom Matthias-Grünewald-Verlag.

1. Das riskante Leben in der Spätmoderne

Das Leben von Menschen in den Kontexten westlicher Gesellschaften des 21. Jahrhunderts zu bestimmen, kann auf vielfältige Weise erfolgen. Das Spektrum soziologischer Gesellschaftsanalysen ist breit und wird an verschiedenen Stellen in die hier vorgelegten Gedanken einfließen. In diesen Analysen allerdings eine durchgängige Gesellschaftsstruktur der Spätmodere zu identifizieren und damit eine Handhabbarkeit anzustreben, scheint nicht mehr möglich – in dieser Unübersichtlichkeit lässt sich das entscheidende Charakteristikum der Spätmoderne finden. Der rasant zunehmenden Unübersichtlichkeit steht indes eine erkennbare Sehnsucht nach Handhabbarkeit und Verstehbarkeit, nach Eindeutigkeit und Einfachheit gegenüber. Besonders prägnant hat der Religionswissenschaftler Thomas Bauer diese Sehnsucht nach Eindeutigkeit als Pendant zu den Überforderungserfahrungen beschrieben. In seinem Essay analysiert er den Umgang mit Ambiguitäten als erlebte Mehrdeutigkeiten und identifiziert die Tendenzen zur künstlichen Vereindeutigung, in denen »Vielfalt, Komplexität und Pluralität häufig nicht mehr als Bereicherung«[4] empfunden werden. Es scheint paradox, wenn in einem gesellschaftlichen Umfeld das Leben vieler Menschen von einer Vergrößerung der Gestaltungsmöglichkeiten geprägt ist, doch darin für die Einzelnen weniger die Freiheitsgewinne erlebt werden, sondern Überforderungserfahrungen zunehmen. Aus dem »Du kannst dich entscheiden!« wird dann ein »Du musst dich entscheiden und Verantwortung übernehmen!«.

Vielleicht hat der Münchener Soziologe Armin Nassehi das paradoxe Erleben von Menschen in Moderne und Spätmoderne am besten auf den Punkt gebracht und gegen ihre Ablehnung in Form der Vereinfachung abgegrenzt: »Modern ist es, die auseinanderstrebenden Momente vereinen zu wollen, und antimodern ist es, dies dann auch zu tun.«[5] So groß die Sehnsucht ist, die Belange des Lebens zu durchschauen und ein plausibles Erklärungsmodell für die gesellschaftlichen Entwicklungen für sich zu finden, so leicht lässt sich ahnen, dass diese Sehnsucht nicht befriedigt werden wird. Wo Menschen dennoch die »auseinanderstrebenden Momente« auf einen Nenner zu bringen versuchen, entstehen schnell populistische und unterkomplexe Erklärungsmuster. Abweichendes und Irritierendes muss dann ausgeblendet werden, damit die Erklärung unbeschadet zur eigenen Beruhigung angewendet werden kann. Zu diesen Mechanismen der allzu einfachen Erklärungen gehören Strategien der Abwertung, die mit dem Begriff des Ressentiments beschrieben werden. Es ist »ein psychischer Trick, der darin besteht zu glauben, dass der Fehler immer bei den anderen liegt und nie bei einem selbst.«[6] Das Ressentiment ist eine einfache Strategie zum Umgang mit einer Lebenswirklichkeit, in der sich Menschen selbst als schwach und überfordert erleben. Mit Geringachtung und Abwertung anderer stabilisiert sich das Subjekt selbst durch Narkotisierung. Denn ein aktives Gestalten der unübersichtlichen Wirklichkeit wird damit obsolet. Die französische Philosophin Cynthia Fleury beschreibt die Strategie sehr anschaulich als »ekelhaftes Bollwerk«:

> »Der Mensch des Ressentiments ist deprimiert, entmutigt, aber diese Depression nährt sich von der Rache an anderen und findet täglich punktuelle, aber keineswegs dauerhafte Mittel der Kompensation, die er in Ermangelung ihrer Kritik genüsslich konsumiert. Das Ressentiment verdirbt zwar das Wesen, hält aber körperlich fit und konserviert das zerfressene Individuum in seinem bitteren Saft. Es wirkt wie Formalin. Damit ist das Ressentiment ein Prinzip der Selbsterhaltung, zu geringen Kosten.«[7]

Das Ressentiment schafft eine (ab-)wertende Struktur, die es scheinbar ermöglicht, mit der überfordernden und unübersichtlichen Gegenwart umzugehen. Es gewinnt an Attraktivität, je mehr nicht nur das eigene Leben als unübersichtlich, sondern auch die Gesellschaft als gespaltene erlebt und beschrieben wird.[8] Aber es liegt auf der Hand, dass beide keine dauerhaft tragfähigen Formen der Lebensgestaltung bieten. Ressentiment und Vereinfachung erzeugen die Illusion, mit ihnen die Realität im Griff zu haben. Doch solche Illusionen zerplatzen, wenn einem Menschen die Vieldeutigkeit des Lebens unausweichlich auf den Leib rückt. Und es lässt sich als »Paradox der Sicherheit«[9] begreifen, dass mit den (nicht nur technischen) Maßnahmen zur Steigerung von Sicherheit, neue Risiken zunehmen.

Ein prägendes Kennzeichen der Spätmoderne lässt sich vor diesem Hintergrund in mehrdimensionalen Freisetzungen des Individuums als Subjekt ausmachen: Menschen gewinnen vielfältige Möglichkeiten, ihre Lebensläufe und Lebensentwürfe zu gestalten.

Junge Menschen stehen in Deutschland im 21. Jahrhundert vor einer kaum überschaubaren Fülle möglicher Ausbildungswege und Studiengänge. Die Formen, in denen das Zusammenleben in Partner:innenschaften gestaltet werden, sind vielfältig. Und selbst mit dem Ende der Erwerbsarbeit und dem Beginn des Ruhestands sollen Menschen die Frage beantworten, wie sie den nächsten Lebensabschnitt gestalten möchten. Damit ist ein erstes Stichwort gefallen: gestalten. Lebensentwürfe und Biografien, Identitäten und Stile rücken im 21. Jahrhundert in einen Bereich, der von den einzelnen zu gestalten, also möglichst aktiv und bewusst als Aufgabe zu verstehen ist.

Wie grundlegend diese Entwicklung ist, wird vielleicht am deutlichsten in den Möglichkeiten der Familienplanung und der

Pluralität von Beziehungs- und Familienmodellen. Hier ist eine Gestaltungsmöglichkeit in einem Bereich der Lebensgestaltung entstanden, die vorher nahezu gänzlich als Schicksal betrachtet wurde. Dieser Wandel vom Schicksal zur Gestaltungsaufgabe ist symptomatisch für viele Lebensbereiche und markiert und markieren neu entstehende Risiken. Denn damit steht die Frage im Raum: Wie gestalte ich ein Leben, in dem unzählige Entscheidungen zum Gelingen oder Misslingen der eigenen Identität und Biografie beitragen können und damit sehr weitgehend in der eigenen Verantwortung liegen? Der Soziologe Peter Gross spricht hier von der »Multioptionsgesellschaft«[10], die zwar viele Erfahrungen der Befreiung von Konventionen mit sich bringt, zugleich aber auch Entscheidungsdruck erhöht und oftmals zu Überforderungen führt.

Wer das eigene Leben und die eigene Identitätskonstruktion gestalten *kann*, muss es eben auch. Wer nicht gestaltet und nicht entscheidet, tut es bekanntlich darin auch. Und so, wie die Menschen nicht nicht kommunizieren *können*, so *können* sie in der Spätmoderne auch nicht nicht gestalten.

Man könnte die Lebenssituation des 21. Jahrhunderts in westlichen Gesellschaften mit dem Titel »Anything Goes« der Rockgruppe AC/DC beschreiben. Allen ist alles möglich. Aber stimmt das wirklich? Auch der Soziologe Andreas Reckwitz, der im Kuratieren des eigenen Lebensentwurfs die in einer »Gesellschaft der Singularitäten«[11] neu entstandene, zentrale Lebensaufgabe der Menschen ausmacht, weist darauf hin, dass dies ein Privileg ökonomisch gut abgesicherter, bürgerlicher Milieus ist. Die Fülle von Entscheidungsmöglichkeiten mag ein prägendes Element spätmoderner Gesellschaften sein. Dass sie einem Teil der Menschen vorbehalten sind, während andere durch Phänomene des Klassismus, durch Diskriminierung und Armut davon ausgeschlossen bleiben, ist ebenso Bestandteil dieser wahrzunehmenden Realität.

Nicht nur Ausnahmen vom Phänomen der Entscheidungsvielfalt, sondern auch die Erfahrung, ausgeschlossen zu sein, bildet eine zweite Seite der gesellschaftlichen Realität. In ihr zeigt sich die Lebensrealität von Menschen, denen durch ökonomische Beschränkungen, durch Verhinderung von gesellschaftlichen Aufstiegen oder durch diverse gesellschaftliche Behinderungen (behindert sind nicht primär Menschen, sondern gesellschaftliche Rahmenbedingungen) gesellschaftliche Teilhabe verwehrt oder nur vermindert zugestanden wird.

Doch ein großer Teil der Gesellschaft erlebt in der Ausgestaltung von Lebensformen, -stilen, Berufsbiografien und Identitäten eine Vielfalt von Gestaltungsmöglichkeiten. Mit ihnen sind Entscheidungen verbunden, die per se riskant sind, weil sie sich als falsch herausstellen könnten. Sie tragen das »Risiko des Scheiterns«[12] permanent in sich. Dass mit dieser Optionenvielfalt auch der Bedarf an Orientierung, an Beratung und neuen Formen der Gruppenbildung wächst, liegt auf der Hand. Dabei werden Formen der Gestaltungsvielfalt und einer bis zur Singularisierung forcierten Individualität auch von Paradoxien begleitet, in denen es zu neuen Orientierungen an den ästhetischen Codes von Gruppen und Vorbildern und zur Ausbildung neuer Formen von Homogenisierung kommt.

Zwei Beispiele sollen dies veranschaulichen:
a) Seit den 1990er-Jahren haben sich Auslandsaufenthalte für Schüler:innen und Studierende aus bürgerlichen Milieus von einer exotischen Möglichkeit Einzelner zu einem etablierten Element bürgerlicher Bildungsbiografien entwickelt. Sie wurden zu einem festen Bestandteil idealer Lebensläufe,

sodass junge Akademiker:innen sich im 21. Jahrhundert mittlerweile erklären müssen, wenn sie in ihren Bewerbungen nicht auf Praktika und Studienabschnitte im Ausland verweisen können. Aus dem Besonderen ist ein Standard einer (vermeintlichen) Normalbiografie geworden. Dass Schüler:innen oder Studierende aus nicht-akademischen Elternhäusern diesem Muster nur selten entsprechen können, weil sie weniger Zugänge zu Stipendien haben, weniger Ermutigung erleben oder mit der Aufgabe eines Arbeitsverhältnisses die Finanzierung ihres Studiums gefährden würden, lässt erkennen, wie sehr die Annahme von »Normal-Biografien« von den Möglichkeiten bürgerlicher Milieus geprägt ist. Die exkludierenden Effekte solcher vermeintlichen Normal-Biografien durch die in ihnen wirksamen Distinktionen sind erheblich – und schaden am Ende allen. Denn mit der Standardisierung des Besonderen vermindern sich auch wieder die Freiheitsgewinne.

b) Aber nicht nur junge Menschen können diese Prozesse von Gestaltungsoptionen und ihrer neuen Standardisierung erleben. So sehen sich Ältere im Umfeld von Rente und Pensionierung, auch in der neu entstandenen Lebensphase der »Altersteilzeit« und Frühverrentung, fast selbstverständlich von ihrem Umfeld vor die Frage gestellt, wie sie diese neue Lebensphase denn gestalten werden. Dabei gibt es eine breit etablierte Vorstellung einer vermeintlichen Normal-Biografie, in der ein Renteneintritt mit der Aufnahme einer Reiseaktivität oder mit besonderen Freizeitaktivitäten verbunden wird. Auch diese Vorstellung entspricht den ökonomischen Möglichkeiten eines gehobenen bürgerlichen Milieus: Fernreisen und hochkulturelle Angebote, Campingmobile, kostspielige Sportarten und Freizeitaktivitäten. All das scheint

Idealkonzepte eines ausgesprochen aktiven Ruhestands der »Babyboomer« zu prägen und wird doch von einem schalen Beigeschmack begleitet. Denn für viele ältere Menschen ist diese Lebensphase von finanziellen Sorgen, von Care-Arbeit (etwa in der Pflege der eigenen Eltern oder Lebenspartner:innen) oder durch neue Formen der Erwerbsarbeit in Minijobs geprägt. Hier ist die Erfahrung einer »Alltagslogik des muddling through«[13] bestimmend, also der Anstrengung, »irgendwie durchzukommen«. Gegenüber einem weithin standardisierten Ideal einer aktiven und freizeitorientierten Lebensgestaltung besteht also mindestens eine zweite Realität. Da diese jedoch nicht von den kommunikativen Möglichkeiten des bürgerlichen Milieus begleitet und zudem mit dem Makel des eigenen Verschuldens oder zumindest einer Vorstellung des Schicksalhaften verbunden wird, ist sie in gesellschaftlichen Diskursen nahezu unsichtbar und weitgehend verschwiegen. Sie rangiert damit als latentes Bedrohungsszenario vieler Gesellschaftsgruppen und ist Teil von Abstiegsängsten – und darin konstitutiver Bestandteil einer nur behaupteten »Leistungsgesellschaft«. Da die realen Abstiegsgefahren nach Ansicht des Soziologen Oliver Nachtwey asymmetrisch verteilt sind, gelten sie für einkommensschwache Gesellschaftsschichten besonders massiv.[14] Gleichwohl übernehmen bürgerliche Mittelstandsmilieus im Rahmen sozialer Distanznahme (»Ansteckungsangst«[15]) die entsprechenden Abstiegsängste und agieren dabei in der »Figuration des sozialen Ausschlusses«[16]: Sie orientieren sich in den Vorstellungen vom gelingenden Leben an einkommensstärkeren Schichten und distanzieren bzw. entsolidarisieren sich von einkommensschwächeren Menschen. Die Gestaltungsmacht der Einzelnen über ihren eigenen Biografieverlauf und die bedrohlichen Abstiegsszenarien als konstitutives Element des Leistungsnarrativs erzeugen jene Gesellschaft, in der »Angst als Prinzip«[17] einen entscheidenden Antrieb darstellt.

Dies sind zwei Beispiele für Phänomene westlicher Gesellschaften, in denen das Narrativ der vielfältigen Entscheidungs- und Gestaltungsmöglichkeiten dominant ist. Dass in dem Spiel zwischen der Vervielfältigung von Optionen und Identitätsentwürfen einerseits und der Ausbildung von vereinheitlichen Mustern andererseits – seien es die Muster der Algorithmen[18] oder idealisierte Narrative der Selbstverwirklichung[19] – spezifische neue Risiken entstehen, lässt sich beispielhaft am Bewusstsein für geschlechtliche Identität (Gender) beobachten: Zwar entwickeln sich in der Spätmoderne für Menschen mit queerer Identität größere Möglichkeiten für ein offenes, selbstbestimmtes und von Repressionen befreites Leben. Intoleranz gegenüber offen queeren Lebensentwürfen nimmt – begleitet von immer noch verbreiteten Gewalt- und Diskriminierungserfahrungen – allenfalls allmählich ab. Zugleich lassen sich aber in den Social Media kommunikative Mechanismen beobachten, in denen bei jungen Menschen die Dominanz traditioneller Geschlechterrollen wieder erstarkt.

Die Prozesse der Spätmoderne sind hier offensichtlich von den Risiken ihrer eigenen Widersprüche begleitet. Prozesse der Befreiung ereignen sich parallel zu Prozessen der Freiheitsminderung. Am deutlichsten werden diese Paradoxien der Spätmoderne im Erstarken von Populismen. Sie sind, etwa als Politikstil, eine florierende Reaktion auf die spätmoderne Unübersichtlichkeit, weil sie einerseits die Sehnsucht nach einfachen Strukturen und Antworten bedienen und andererseits an der Erfahrung von Überforderung anknüpfen und darin schnelle Entlastung suggerieren. Populistische Strukturen finden sich allerdings nicht nur in den entsprechenden politischen Strömungen und Stilen. Sie lassen sich etwa auch in religiös-weltanschaulichen Phänomenen finden. Je stärker die Ausgestaltung religiöser Überzeugungen und Zugehörigkeiten aus den generationenübergreifenden familiären Mustern gelöst und in die individuelle Gestaltung und das freie Spiel religiöser Neukombinationen überführt werden, desto attraktiver erscheinen traditionalistische und fundamentalistische Angebote der Lebensdeutung und Sinnfindung für größere Bevölkerungsteile.

Wo sie in Gestalt charismatischer Bewegungen in Erscheinung treten, werden sie durch das Auftreten markanter Führungspersönlichkeiten als (weitgehend unhinterfragte) religiöse Autoritäten und durch eine emotionsbasierte und damit weitgehend dem kritischen Diskurs entzogene Legitimationsstruktur flankiert.

Überforderung

Bestandteil der eingangs genannten Gegenwartsanalysen ist nicht nur die gesellschaftliche Unübersichtlichkeit durch Anwachsen vielfältiger Optionen, sondern auch die darin von vielen Menschen erlebte Überforderung. Sie führt zu neuen Formen der Homogenisierung und Standardisierung hinter dem Vorhang der persönlichen Gestaltung des Lebens. Sie führt in der Wahrnehmung vieler Menschen allerdings auf der persönlichen Ebene zu Stresserfahrungen. In gesellschaftlicher Hinsicht werden diese Erfahrungen in den soziologischen und philosophischen Analysen unter den Schlagwörtern der

»Burnoutgesellschaft«[20] bearbeitet. Für den Philosophen Byung-Chul Han ergeben sich aus den individualisiert gestaltbaren Lebensentwürfen Konstellationen des permanenten Wettbewerbs, die in permanente Selbstoptimierungen und die »absolute Konkurrenz«[21] münden:

> »Das Leistungssubjekt konkurriert nämlich mit sich selbst und gerät unter den destruktiven Zwang, sich ständig überbieten zu müssen. Dieser Selbstzwang, der sich als Freiheit gibt, endet tödlich.«[22]

Für Han ergeben sich aus den Strukturen der »Selbstausbeutung«[23] und den verdeckten Phänomenen der Gewaltförmigkeit[24] gesellschaftliche Strukturen der »Depression«[25].

Natürlich ist die sprachliche Anleihe eines depressiven Krankheitsbildes für eine soziologische Analyse fragwürdig. Mit ihr sei hier jedoch ein zentrales Risiko spätmoderner Gesellschaften markiert: Risiken sind nicht nur als ein Element spätmoderner Lebensrealität zu identifizieren, sondern sind Strukturprinzip. Das gilt insbesondere dort, wo sich spätmoderne Gesellschaft besonders markant ihrer eigenen Lernprozesse bewusst wird. Während der Corona-Pandemie galt die Vielstimmigkeit virologischer Expertisen manchen als Ärgernis. Doch in den unabänderlichen Korrekturen, von denen wissenschaftliche Erkenntnisse begleitet sind und die sie für ihre eigene Weiterentwicklung benötigen, wird deutlich, dass wissenschaftliche Erkenntnisse immer unter den Vorbehalt der nächsten Korrektur gestellt sind. Die Formulierung eines wissenschaftlichen Standpunktes innerhalb »einer offenen Debatte«[26] heute beinhaltet also unabänderlich und konstitutiv das Risiko der notwendigen Korrektur morgen.

Doch wie wäre mit der Flut an Entscheidungs- und Gestaltungsmöglichkeiten adäquat umzugehen? Stabile Anker wie die gesellschaftlichen Normen gelingender Lebensentwürfe, die Prägekraft von Institutionen für das gesellschaftliche Leben oder religiös bestimmte Deutungsmuster von Lebensereignissen gehen weithin verloren. In der deutschen Nachkriegsgesellschaft galt das Leistungsprinzip und damit das Versprechen des möglichen gesellschaftlichen Aufstiegs aller, die sich anstrengen, als prägendes Narrativ. Es ist teilweise bis in die Gegenwart so wenig hinterfragt, dass Formen der strukturellen Ungerechtigkeit kaum problematisiert wurden und werden. So wird kaum thematisiert, dass gerade die günstige Geburt in eine wohlhabende und akademisch ausgerichtete Familie für späteren Wohlstand in Deutschland bedeutsamer ist, als die persönliche Leistung der Einzelnen. Das Narrativ »Leistung ermöglicht Aufstieg« war eng verbunden mit dem Wachstumsparadigma, wonach jedes neue Auto etwas größer und jeder Urlaub etwas exotischer sein könnte – und müsste.

Symbole der Stabilität?

Jede Kultur und jede Epoche hat ihre eigenen Symbole des gelingenden Lebens. Für die zweite Hälfte des 20. Jahrhunderts als entscheidende Phase der Wachstumsgesellschaft ist es das Eigenheim. Es symbolisiert die ersehnte Stabilität der Lebensverhältnisse und gilt als steinerne Bestätigung des »Leistungsprinzips«. Das Eigenheim als Symbol der westdeutschen Nachkriegsgesellschaft konnte an eine Politik der 1920er-Jahre anknüpfen. Darin wurde in neuen Konzepten nach Möglichkeiten gesucht, mit Reihenhaussiedlungen den Angehörigen der

Arbeiter:innenschaft den Zugang zu Eigenheimen zu ermöglichen. In Städten wie Frankfurt am Main entstanden so ganze Stadtquartiere, in denen breiteren Bevölkerungsschichten durch das Einbringen von Eigenleistung der Zugang zu Wohneigentum ermöglicht wurde. Die Idee, die etwa in dem Architekten Ernst May einen bekannten Vertreter fand, bestand in dem Verständnis von Wohneigentum als Instrument zur Altersabsicherung und zum gesellschaftlichen Aufstieg. Um dies zu ermöglichen, brauchte es vor allem eines: Standardisierung, also Vereinheitlichung. Sie diente nicht nur der Kostensenkung, sondern entsprach der von Ideologien und Religionen gefestigten Annahme, dass die Gleichheit aller die Partizipation aller begründet. Dass dies eine wichtige Anschlussmöglichkeit für die Ideologie des Nationalsozialismus darstellte und in das Konzept einer Gleichheit derer deformiert wurde, die entlang rassifizierter Marker als dazugehörig identifiziert werden konnten, ist Bestandteil dieses Konzepts der Teilhabe durch betonte Gleichheit.

Erst in der westlichen Nachkriegsgesellschaft entstand eine alternative Konzeption der Würdigung des Besonderen. In ihm erlangt das Eigenheim jenen Symbolcharakter, mit dem sich einerseits der Lohn für den eigenen Fleiß in der behaupteten Leistungsgesellschaft ausdrücken lässt, andererseits aber auch individueller Geschmack und Lebensstile. Zwar gibt es auch hier noch Reihenhäuser und standardisierte Formen von »Fertighäusern«. Die großen Neubauviertel der 1980er-Jahre lassen sich aber bis hinein in die Stadtplanung an ihrer auffälligen Hierarchisierung erkennen: Die standardisierten Formen werden in die Nähe von Mehrfamilienhäusern gerückt, um die hochgradig individualisierten Formen des Hausbaus deutlich davon zu separieren. In ihnen findet sich das eigentliche Ideal, mit dem Einfamilienhaus auch das singularisierte Selbstverständnis auszudrücken, sich von anderen Menschen effektiv abzuheben und mit der eigenen Identitätskonstruktion sichtbar zu sein. Lediglich ein Kontinuum durchzieht diese bürgerliche Symbolgeschichte des Eigenheims. Es bietet Sicherheit und Stabilität und gilt als »Betongold« bis in die Gegenwart als wichtige Form der Altersabsicherung, in der Wohneigentum als entscheidende Ergänzung zur Rente gesehen wird. Andererseits ist das Eigenheim eng mit den bürgerlichen Familienverständnissen verbunden. Es wird deshalb in der Bundesrepublik Deutschland massiv steuerrechtlich gefördert und repräsentiert dadurch Stabilität hinsichtlich der bürgerlichen Werte. Dass die Idealisierung des Eigenheims als zentrales bürgerliches Stabilitätssymbol möglich wird, erfordert das Ignorieren und Verdrängen seiner Paradoxien: So gehört es aufgrund seiner massiven finanzielle Belastungen zu den Faktoren, die den Zusammenhalt von Familien, Ehen und Partner:innenschaften gefährden können. Das ursprüngliche Symbol der Stabilität gefährdet also zugleich die Werte, die von ihm repräsentiert werden und kann eine erhebliche destabilisierende Wirkung entfalten. Es birgt also – obgleich selbst Instrument und Symbol der Stabilität – erhebliche Risiken für die Ausgestaltung der eigenen Biografie- und Identitätskonstruktion.

Erst mit dem Übergang zur Spätmoderne werden mit den Symbolen der Stabilität auch die entsprechenden Narrative in ihrer prägenden Bedeutung nivelliert und erhalten selbst optionalen Charakter, werden also zu einem Angebot neben anderen. Dieser Prozess wird begleitet durch die Zunahme von sozialer und regionaler Mobilität, durch Beschleunigungseffekte[27], durch digitale Echtzeitkommunikation und ein zunehmendes Bewusstsein dafür, das eigene Leben nicht nur bestehen, sondern gestalten zu können – und zu müssen.

Suche nach stabiler Identität

Der Sozialpsychologe Heiner Keupp hat den Begriff der Identitätskonstruktion[28] geprägt. In ihr werden Selbstverständnis, Wahrnehmung und zentrale biografische Narrative zur Aufgabe des Subjekts. Das erhöht nicht nur die persönlichen Anforderungen – bis hinein in Überforderungen mit spezifischen Stress- und Krankheitsphänomenen. Es bringt das Subjekt in einem durch inszenierte Besonderheit geprägten Umfeld, einer »Gesellschaft der Singularitäten«, in eine veränderte Position zu sich selbst: Der Mensch steht permanent und in allen Lebensphasen vor der Aufgabe, sich selbst zu entwerfen und dazustellen. Der Mensch, das »sich selbst kuratierende Subjekt«[29], hat damit permanent die eigene Besonderheit zu gestalten, zu kommunizieren und sich damit sichtbar zu machen.

Ob der Beginn der gesellschaftlichen Sichtbarkeit durch die Geburt in Form einer Hausgeburt, einem bewusst gewählten Geburtshaus oder mit einer geplanten Kaiserschnitt-Operation erfolgt, ist einerseits das Ergebnis rationaler Abwägung. Es ist aber immer auch ein Ausdruck des eigenen Selbstverständnisses und Bestandteil der persönlichen Identitätskonstruktion.

Ob das Ende der singularisierten menschlichen Sichtbarkeit die Beisetzung in der klassischen Form eines Familiengrabes mit kirchlicher Trauerfeier, nach einer Kremierung in einem Waldfriedhof oder in einem Kolumbarium, als Seebestattung mit freier Redner:in oder in einer möglichst preisgünstigen, anonymen Form in osteuropäischen Ländern erfolgt, hängt von vielen Faktoren ab: religiöse Prägungen, finanzielle Möglichkeiten, Traditionsbewusstsein, Wünsche der Verstorbenen u.v.m. Zugleich ist es aber immer auch Ausdruck des Selbstverständnisses der Beteiligten und damit Teil ihrer

Identitätskonstruktion. Da diese Selbstverständnisse auch innerhalb einer Familie und Partner:innenschaft variieren können, sind entsprechende Entscheidungen häufig (mit heftigen) Diskussionen und schmerzlichen Kompromissen verbunden.

Doch das ist nicht alles. Wo alle Elemente der Lebensgestaltung zur Gestaltungsaufgabe werden, da entsteht eine Fülle potenzieller Fehlentscheidungen, Korrekturen oder Enttäuschungen. Die längst unüberschaubare Fülle von Berufsausbildungen und Studiengängen bildet vielleicht am eindrücklichsten die entstandene »Multioptionalität« ab. Sie wird durch die oben genannte Nivellierung stabilisierender Faktoren verstärkt: Längst können Eltern nicht mehr die Berufswahl und Ausbildungswege ihrer Kinder wie in den generationenübergreifenden Abfolgen früherer Zeiten bestimmen. Hier werden die großen Freiheitsgewinne sichtbar, die in der Mitte des 20. Jahrhunderts errungen wurden und zeitweise erhebliche soziale Mobilität ermöglichten. Somit fallen Eltern und Großeltern längst als Ratgeber:innen aus, wenn es um Fragen von Ausbildung und Studium geht – auch wenn dies nicht immer ihrer eigenen Wahrnehmung entspricht. Zu verschieden sind die gesellschaftlichen Rahmenbedingungen, zu schnell die gesellschaftlichen Veränderungen und Innovationsfolgen, als dass ihre Lebenserfahrung als Kompetenz in den gegenwärtigen Entscheidungsprozessen gefragt sein könnte. So liegt die Last der notwendigen Entscheidungen für die Gestaltung des eigenen Lebens, des Selbstverständnisses und der Identitätskonstruktion auf dem einzelnen Subjekt. Sie wird allenfalls durch eine breite gesellschaftliche Akzeptanz von Korrekturen flankiert. So wird das Ideal einer lebenslangen Festlegung auf einen Beruf von der Wertschätzung für berufliche Wechsel abgelöst.

Wer hingegen das ganze Leben in einem Beruf, bei einem Arbeitgeber oder in einer Partner:innenschaft verbleibt, drückt damit auch ein Defizit an Flexibilität und Mobilität aus und sieht sich schnell dem Verdacht ausgesetzt, dass für diese Stabilität Zwänge und Abhängigkeiten mitverantwortlich sein könnten.

Die Angst vor der falschen Entscheidung

Der Wechsel und die Korrektur werden zu den zentralen Instrumenten, mit denen sich die gravierende Last des Gestaltungsdrucks abmildern lässt. Wir werden diesen Instrumenten an späterer Stelle erneut begegnen.

Zunächst sei der Blick auf das bestimmende Element spätmodernen Lebens gerichtet. Wo Menschen vor einer Überfülle von Gestaltungsmöglichkeiten stehen und dabei nur in geringem Umfang in klassischen Orientierungsangeboten Hilfen finden, wird das Risiko der falschen Entscheidung zum alles bestimmenden Begleiter einer singularisierten Identitätskonstruktion unter den Bedingungen der Multioptionalität. Als »falsch«, fehlerhaft oder korrekturbedürftig erscheinen getroffene Entscheidungen vor allem dann, wenn die aus ihnen hervorgegangenen Lebenswege als wenig erfüllend und sinnstiftend erlebt werden. Sie entziehen sich darin zwar für die meisten Menschen zunehmend den allgemeingültigen Vorgaben religiöser oder auch bürgerlicher Idealvorstellungen, werden aber umso schwerer aufgeladen mit dem Gewicht, dass aus ihnen gelingendes und glückendes Leben entstehen muss. Gerade aus dieser Aufladung der einzelnen Entscheidungen erwächst für viele Menschen eine umfassende Angst vor Entscheidungen.

Die Philosophin Martha Nussbaum spricht deshalb von einem »Königreich der Angst«[30]. In dessen Zentrum steht die Angst der Einzelnen, exkludiert zu sein und nicht dazu zu gehören – vor allem nicht zum exklusiven Kreis der Menschen mit glückenden, zufriedenen Lebensentwürfen. Die Analyse einer »Gesellschaft der Angst« führt der Soziologe Heinz Bude vor diesem Hintergrund zu dem Plädoyer, die Strukturen der Leistungsgesellschaft, die in jede Entscheidung eingewoben sind, zu korrigieren:

> »Die Leistungsgesellschaft braucht eine Erfolgskultur, die Gewinner prämiert, ohne Verlierer herabzuwürdigen. Sonst produziert die Angst, das Nachsehen zu haben, nur Resignation und Verbitterung.«[31]

Risiken und der individuelle und gesellschaftliche Umgang mit ihnen werden zum prägenden Kennzeichen des Lebens in spätmodernen Gesellschaften. Dies verstärkt sich mit einem technologischen Fortschritt, der seit der Industrialisierung des 19. Jahrhunderts über die technischen Mobilitätsgewinne des 20. Jahrhunderts bis hinein in eine »Kultur der Digitalität«[32] des 21. Jahrhunderts maßgebliche Errungenschaften hervorbringt. Sie bestehen zu einem großen Teil darin, einerseits die Reichweite menschlicher Wirkung zu vergrößern (Effektivitätssteigerungen) und andererseits bestehende Gefahren in Risiken umzuwandeln.

Diese Umwandlung baut auf der Unterscheidung von Gefahren und Risiken auf, die Niklas Luhmann in die soziologischen Diskurse eingebracht hat. Unter Gefahren lassen sich demnach Phänomene verstehen, denen Menschen weitgehend ausgeliefert sind und die sich allenfalls umgehen lassen, während sich Risiken gestalten lassen.³³ So konnten sich Menschen in vorindustrieller Zeit gegen den drohenden Blitzeinschlag bei Gewitter und erhebliche Brandschäden nur durch gesteigerte Religionspraxis mit Bittgebeten und Rosenkranz schützen. Eine wichtige Ergänzung entstand durch die Organisation der Feuerwehren, um in einem solidarischen Konzept potenzielle Schäden einzudämmen. Sie stellten einen wichtigen Schritt dar, Gefahren der Naturgewalten in den Status von Risiken zu transformieren. Dass der Dienst der Feuerwehren am Gemeinwohl stark religiös geprägt war, verweist auf die Mischung von Gefahren und Risiken. Erst mit der Erfindung des Blitzableiters entsteht ein technisches Instrument, mit dem sich die Gefahr gestalten ließ. Wer auf Anschaffung und Installation des Blitzableiters verzichtete, musste sich gegebenenfalls für diese Entscheidung rechtfertigen. Aus dieser Gefahr war damit aufgrund seiner jetzt möglichen Gestaltbarkeit ein Risiko geworden. Das Risiko baut auf Kostenkalkulationen, Vorgaben von Versicherungen, kollektiven Erfahrungen und letztlich einer persönlichen Entscheidung auf. Es ist damit in seiner Grundstruktur auf zukünftige Szenarien ausgerichtet. Nach Niklas Luhmann stehen sich vor allem Gefahr und Sicherheit einander gegenüber.³⁴ Risiken lassen sich nicht vermeiden, sie lassen sich gestalten und durch Entscheidungen entwickeln und verschieben. Aber mit jeder Entscheidung (oder jedem Nicht-Entscheiden) entstehen neue Risiken. Sie sind daher untrennbar mit menschlichen Lernprozessen und Erkenntnisfortschritten verbunden, in deren Folgen manchmal aus Gefahren Risiken werden.

Ähnliche Fortschritte wie bei der Umwandlung von Gefahren in Risiken durch technologische Errungenschaften lassen sich auch in sozialen Bezügen beobachten. Neben der Sozialgesetzgebung mit verpflichtenden Kranken- und Rentenversicherungen entsteht ein vielfältiges Versicherungswesen. Es kann neben dem technologischen Fortschritt als anschauliches Beispiel für das breite Interesse interpretiert werden, Gefahren in Risiken umzuwandeln. Dem Abschluss einer Versicherung, die über die gesetzlich vorgeschriebenen Versicherungen hinaus geht, liegt bis in die Gegenwart ein Prozess des Abwägens zugrunde: *Lohnt sich die Investition in regelmäßige Versicherungsbeiträge? Wie sehen mögliche Schadensfälle aus?*

Der Schaden als Folge von Ereignissen und damit als mögliche Gefahr wird durch das Abwägen von Argumenten zum Risiko. Dass neben den rationalen Argumenten auch das prägende Phänomen des »Bauchgefühls« eine wichtige Rolle in dieser Umwandlung spielt, erklärt das eigentümliche Phänomen der Überversicherung. Ganz offenbar werden in der Spätmoderne die allgemeinen Lebensrisiken als so unübersichtlich wahrgenommen, dass ein übergroßes Bedürfnis nach Sicherheit und Stabilität entsteht. Die Tendenz zu einer zu großen Zahl sich gegenseitig überschneidender Versicherungen drückt deshalb vor allem eine Erfahrung der Überforderung und eine Sehnsucht nach Stabilität aus.

Wie wohl kein zweiter hat der Soziologe Ulrich Beck mit seinen Klassikern der »Risikogesellschaft«[35] und »Weltrisikogesellschaft«[36] die beschriebenen Phänomene bearbeitet. Beck nahm an, dass die spezifischen Risiken der Moderne klassenlos seien, weil die konkreten Gefährdungslagen Menschen aller Schichten und Klassen unabhängig von Besitz und Wohlstand beträfen.[37] Diese Annahme findet nicht mehr viel Zustimmung. Lässt sich doch in Krisenzeiten beobachten, wie sehr mithilfe von Reichtum bestehende Risiken auch delegiert und vermieden werden können.

Wer sich mit der breiten Präsenz von Risiken in der Spätmoderne befasst, wird dabei auch auf unterschiedliche Formen stoßen, mit ihnen umzugehen. Natürlich gibt es dabei Typ- und Geschmacksfragen, wie sich leicht an der Begeisterung für Risikosportarten oder ihrer Ablehnung beobachten lässt. Manches Risiko bedeutet für die einen Nervenkitzel, für andere ist es Ausdruck von Verantwortungslosigkeit. In beiden Fällen oder Tendenzen ist die Positionierung zugleich wiederum Teil der eigenen Identitätskonstruktion.

Allerdings gibt es mit dem technologischen Fortschritt auch Risiken, die immer wieder neu entstehen. Obwohl mit dem technischen und wissenschaftlichen Fortschritt eine fortschreitende Domestizierung von Gefahren und deren Umwandlung in gestaltbare Risiken erfolgt, entstehen dabei auch permanent neue Risiken, die teilweise aufgrund ihrer Komplexität nur schwer abzuschätzen sind.[38]

Das gilt im Verlauf des 20. Jahrhunderts vor allem und beispielhaft für die Atomenergie. In ihrem Umfeld ist deshalb früh ein eigenes Feld der Risikosoziologie[39] entstanden. Die Katastrophen von Tschernobyl in der Sowjetunion und von Fukushima in Japan haben einer breiten Öffentlichkeit in Erinnerung gerufen, dass hier unüberschaubare Umweltrisiken für große Bevölkerungsteile und Generationen durch die Nutzung dieser Energieform entstanden. Weithin unberücksichtigt blieben in den öffentlichen Diskursen jedoch die ökonomischen und politischen Risiken, die sich aus der Lagerung von Atommüll ergeben. Mit Blick auf die verschiedenen Ebenen von Risiken wird als begleitendes Phänomen deutlich, dass Menschen die entscheidenden Risiken immer wieder auch an der falschen Stelle ausmachen oder die größten Risiken unterschätzen. Den Techniksoziologen Ortwin Renn veranlassen diese Fehleinschätzungen zur Forderung nach einer kollektiven »Steuerungskultur« und der Stärkung einer individuellen »Risikomündigkeit«[40]. Die Entscheidung des verantwortlichen japanischen Atomkonzerns, radioaktiv kontaminiertes Kühlwasser ab 2023 in großen Mengen ins Meer einzuleiten und durch Mischung mit dem Meerwasser zu entsorgen, löste bei den Anrainerstaaten größte Besorgnis aus. Ihnen stellt sich die Maßnahme als unkalkulierbares und damit nicht zu verantwortendes Risiko dar, aus dem sich größte Umweltschäden ergeben könnten. Ihre Bedenken lassen erkennen, dass mit entsprechenden Erfahrungen und Lernprozessen frühere Risiken durchaus wieder als Gefahren wahrgenommen werden können, wenn sich die behauptete Gestaltbarkeit und Handhabbarkeit als Fehleinschätzung entpuppt. Die bestehenden Risikokulturen sind zudem in unterschiedlichen Gesellschaften und Kulturen und nicht nur im Einsatz von Atomenergie, sondern auch in der Bearbeitung von Schäden sehr verschieden.

Mit der Corona-Pandemie der Jahre 2020-2022 wurden zudem die gesundheitlichen, wirtschaftlichen und gesellschaftlichen Risiken sichtbar, die mit den Mobilitätssteigerungen und der Globalisierung des 20. Jahrhunderts entstanden sind.

In gesteigertem Maß lassen sich die Mechanismen der Bearbeitung von Risiken im Umgang mit der Klimakrise beobachten. Wurde sie zunächst noch in sprachlicher Abschwächung als »Klimawandel« bezeichnet und dementsprechend als schicksalhaft betrachtet, erhöhen die wissenschaftlichen Erkenntnisse dazu im 21. Jahrhundert jedoch den Handlungsdruck. Die Einsicht, dass ein Gesellschaftsmodell, das in allen Bereichen auf einem Wachstumsparadigma aufbaut, nicht bloß Ressourcen verbraucht, sondern vor allem seine eigenen Grundlagen zerstört, zeigt, dass der Verzicht auf einschneidende Entscheidungen ebenfalls erhebliche Risiken enthält.

Diese drei Beispiele gesellschaftlicher Risiken mögen genügen, um mit ihnen eine weitere grundsätzliche Unterscheidung zu veranschaulichen. Die Beispiele zeichnen sich dadurch aus, dass sie für technologisch, biologisch/virologisch und klimatisch hochkomplexe Phänomene stehen. Ihre Abläufe, sich daraus entwickelnde Risiken und etwaige Bearbeitungen von Schäden sind für die meisten Menschen kaum zu verstehen und nachzuvollziehen. Das gilt auch für die politischen Entscheidungsträger:innen, was erklärt, dass große Teile der Risikobewertung an Expert:innen delegiert werden.

Stellen Risiken ein zentrales Grundmuster spätmoderner Gesellschaften dar, avancieren Expert:innen zu der dominanten Autorität des 21. Jahrhunderts. Die Komplexität der Risikoabwägungen bewirkt in den demokratischen Kulturen eine Verlagerung von Diskursen in verschiedene Formate öffentlicher Debatten: Die parlamentarische Debatte wird nicht nur von Talkshows und Podcasts flankiert. Sie wird auch mit der Erwartung konfrontiert, dass politische Entscheidungen trotz des Zuwachses an Komplexität überzeugend einer breiten Öffentlichkeit vermittelt werden müssen. Hier spielen nicht nur die Insignien des Expert:innentums eine herausragende Rolle. Hier drückt sich auch die Sehnsucht nach der einen richtigen Entscheidung aufgrund der transparent zugrunde gelegten Argumente und Sachinformationen aus. Die drei genannten Krisen verlaufen derart komplex, dass die Prozesse, die zur Bewältigung entwickelt und umgesetzt werden, immer wieder neu betrachtet werden müssen und daraus resultierend Korrekturen nötig sind. Kontinuierlich ist ein neues Abwägen der gemachten Entscheidungen gefordert. In der Einschätzung von komplexen und damit schwer zu kalkulierenden Risiken, wie sie in der Atomphysik und anderen »Hochrisikobereichen« sichtbar werden, bedarf es daher einer dynamischen Risikobearbeitung. Sie zeichnet sich durch permanente Neueinschätzungen und die Bereitschaft aus, in veränderten und nur schwer voraussehbaren Situationen, Lernprozesse zu kultivieren und mit ihnen je neue Entscheidungen zu ermöglichen. Dynamische Risikokulturen entsprechen aufgrund dieser kontinuierlichen Lernprozesse besonders komplexen Situationen.

Der Ausfall des gemeinsamen Nenners

Wie kaum ein anderer hat der Soziologe Armin Nassehi auf die Diskrepanz von spätmoderner Unübersichtlichkeit und menschlicher Sehnsucht nach Eindeutigkeit hingewiesen. Umfassende Krisenerfahrungen lassen erkennen, dass sich die mit ihnen verbundenen Lebenserfahrungen einer einfachen Kausalität und damit auch einer einfachen Problemlösung entziehen. Vielleicht wird hier wie an kaum einer anderen Stelle der Verlust des religiösen Gottesglaubens für breite Gesellschaftsschichten in säkularen Gesellschaften spürbar. In ihnen gehört die Hochachtung gegenüber der Religion und ein Statement, man wünschte sich ja, glauben zu können, zum guten Ton der Agnostiker:innen. Dahinter mag meist die Sehnsucht stehen, mithilfe eines metaphysischen Bezugspunktes die Undurchschaubarkeiten des Lebens doch noch auf einen Nenner bringen zu können. Es ist die Sehnsucht nach einem Ort, »der es ermöglicht, auf die Gesellschaft zuzugreifen.«[41]

Hier entsteht die für die Spätmoderne typische Diskrepanz zwischen erlebter Unübersichtlichkeit und ersehnter Eindeutigkeit. Diese Diskrepanz muss allerdings nicht notwendig als Widerspruch verstanden werden. Deutlich wird dies an der von Martha Nussbaum analysierten Angst. Sie entsteht dort, wo Menschen die aus der Unübersichtlichkeit potenziell entstehende »unmittelbare Bedrohung unseres eigenen Wohlergehens«[42] fürchten. Unübersichtlichkeit kann daher als für Erkenntnisprozesse notwendige Destabilisierung des bisherigen Denkens positiv gedeutet werden, allerdings auch als bedrohliche Verunsicherung, in der sich zumindest die Sehnsucht nach eindeutigen Kausalitäten, Lösungen und auch nach religiösen Bezugspunkten neu artikulieren kann.

An der Schnittstelle von komplexen Krisenerfahrungen und den Erwartungen an ihre Bearbeitung gibt es also markante Paradoxien und Verwerfungen: Während die genannten gesellschaftlichen Herausforderungen ein hochkomplexes Szenario erkennen lassen, steht ihnen die Erwartung an eine Bearbeitung durch singuläre Entscheidungen und leicht nachvollziehbare Begründungen gegenüber.

Da in der Moderne mit dem technisch-wissenschaftlichen Fortschritt eine Verminderung von Gefahren durch deren Umwandlung in gestaltbare Risiken möglich wird, entsteht parallel zu den beobachtbaren Risiken das gesellschaftliche Ideal der Sicherheit und Stabilität. Stellte bis zur Industrialisierung des 19. Jahrhunderts vor allem die Religionspraxis Instrumente zur Gewinnung von Sicherheit zur Verfügung, wie am Beispiel des Gebetes während des Gewitters ablesbar ist, kommen in der Moderne neue Hilfsmittel hinzu. Neben den Sozialversicherungen, in denen Risiken nach Wahrscheinlichkeiten kalkuliert werden, sind dies vor allem wieder technische Errungenschaften. Anschnallgurte, effektive Bremsen und Fahrassistenzsysteme prägen in den zurückliegenden Jahrzehnten den Individualverkehr mit Pkw parallel zu deren immer größer werdenden Motorisierung. Hier wird ein Paradox der Risikobearbeitung moderner Gesellschaften sichtbar: Die zunehmenden Risiken, die sich mit technischem Fortschritt ergeben, werden primär durch technischen Fortschritt bearbeitet.[43]

Die Sehnsucht nach Sicherheit und Stabilität hat ihre eigenen Mechanismen, Instrumente und Symbole. Dazu gehören Maßnahmen, in denen Risiken durch Vorbeugen und Kalkulieren gestaltet werden. Das Bewusstsein für die Ausbildung von Resilienzen ist dabei ein Indiz für die Implementierung dynamischer Risikobearbeitung. Ähnliches gilt für die Platzierung der Lernprozesse in kooperativen Strukturen. In den drei genannten Krisenerfahrungen atomarer Unfälle, Pandemie und Klimakrise mit ihren spezifischen Risikobearbeitungen hat sich gezeigt, dass sie nicht durch singuläre und statische Konzepte bearbeitet werden können, sondern im Rahmen von dynamischen Prozessen eine je neue Ausrichtung angemessener Maßnahmen erfordern.

Wagnis Mensch

Nicht nur im Phänomen des »menschlichen Versagens« rückt eines der zentralen Risikosegmente in den Blick: der Mensch in seinen personalen Beziehungen. Lassen sich technische Fortschritte und biografische Entwicklungen mit ihren spezifischen Risiken halbwegs abschätzen, kalkulieren und doch zumindest in dynamischen Lernprozessen gestalten, scheint sich der Mensch diesen Prozessen selbst und für andere weitgehend zu entziehen.

In gesellschaftlichen Prozessen, in denen lebenslange Partner:innenschaften als fragiles Wagnis erscheinen, wirkt die Rechtsform einer Ehe insbesondere in ihrer katholischen, sakramentalen Gestalt im Rahmen fester gesellschaftlicher Vorgaben und Erwartungen für viele Menschen als Inbegriff der familiären und gesellschaftlichen Stabilität[44], darin aber zugleich auch als systemische Überforderung. Die Ehe-, Partner:innenschafts- und Treueversprechen von Menschen sind in der Spätmoderne deshalb eher von der Hoffnung bestimmt, dass die Beteiligten sich in der Zukunft in dieselbe Richtung entwickeln. Die Überzeugung, dass dies möglich und erstrebenswert sei, legitimiert und prägt die Praxis lebenslanger Partner:innenschaften. Sich um sie zu bemühen, ist nach wie vor erklärtes Ziel großer Bevölkerungsteile, in denen sich Menschen dauerhaft an andere Menschen binden. Doch ist vor dem Hintergrund der eigenen Entwicklung bei vielen Anwesenden auf Hochzeiten die Skepsis geradezu mit Händen zu greifen: Wenn ich mir doch schon selbst nicht sicher bin, wer ich in einigen Jahrzehnten sein werde, wie kann ich da eine stabile Prognose für einen anderen Menschen und das gemeinsame Leben abgeben? So erscheint der Mensch aufgrund seiner Wandlungsfähigkeit und Offenheit für Entwicklungen ein bemerkenswerter Unsicherheitsfaktor.

Dieser Effekt gilt aber nicht nur für das Miteinander in Ehe und Partner:innenschaft, sondern auch für Freundschaften oder das Verhältnis von Arbeitskolleg:innen. Und wer hätte im eigenen Arbeitsumfeld noch nicht die bittere Erfahrung gemacht: Es gibt einen neuen Vorgesetzten bzw. eine neue Vorgesetzte und der erste Eindruck war positiv und hat Lust gemacht, an den neuen Ideen mitzuarbeiten. Doch nach einer Weile treten Ernüchterung und Enttäuschung ein, weil erst im Laufe der Zeit die Schwachpunkte in der Kommunikation oder der Leitungskultur sichtbar werden. Zwar gibt es mit Assessment-Centern und anderen Instrumenten die Möglichkeit, das Risiko von Personalentscheidungen auf allen Ebenen zu vermindern. Abschaffen lässt es sich allerdings nicht. Der Mensch bleibt nicht nur in sicherheitsrelevanten Berufsgruppen ein Risiko, sondern in allen

Formen und Dimensionen des Zusammenlebens. Gerade das macht Menschen freilich auch interessant und das Miteinander spannend.

Der Mensch als unkalkulierbares Risiko? Wem das zu pessimistisch erscheint, der wird nach Formen einer positiv zu bestimmenden Risikofreude suchen. Auf sie soll im Folgenden die Aufmerksamkeit gerichtet werden. In Anlehnung an die französische Soziologin Anne Dufourmantelle, die mit ihrem »Lob des Risikos«[45] der Risikofreude als lustvolles Einlassen ein Denkmal gesetzt hat, lässt sich eine markante Alternative zu Stabilitäts- und Sicherheitsorientierungen ausmachen. Angesichts der inneren Paradoxie des Risikos, in seiner sicherheitsorientierten Gestaltung und Vermeidung neue Risiken zu erzeugen, stellt die Risikofreude einen alternativen Weg dar, in dem sich Menschen lustvoll auf Ungewissheiten einlassen. In der Risikofreude werden errungene und geschenkte Freiheiten nicht als Zumutung desavouiert, sondern als Chance zur Erweiterung des Horizonts.

Im religiösen Glauben sieht die laizistisch geprägte Dufourmantelle einen entscheidenden Entfaltungsraum der Risikofreude. Denn hier setzt der Mensch (in Entsprechung zur pascalschen Wette) auf einen zentralen Bezugspunkt, der ihm selbst entzogen bleibt. Der Glaube besteht also im Kern aus einem Sprung des Menschen über seinen bisherigen Horizont hinaus. Er stellt deshalb die entscheidende Alternative zu einer statisch-sicherheitsorientierten Risikobearbeitung dar und beinhaltet zudem in seinem Kern einen destabilisierenden Effekt. Deshalb ist es nur konsequent, in den christlichen Traditionssträngen eine doppelte Struktur zu identifizieren: Neben den stabilisierenden Elementen der Sicherheitsorientierung, die sich etwa in den institutionellen Ausprägungen, in Ämtern, dogmatischen Festlegungen oder in klar abgegrenzten Zugehörigkeitsbestimmungen ausdrücken, gibt es immer auch einen zweiten Traditionsstrang der positiven Destabilisierung:

Mit den Traditionen der Verunsicherung werden humorvolle Elemente in die Strenge von Maßregelung und moralischen Forderungen nach Umkehr eingetragen. Mit den spezifisch Christlichen Ansätzen der Vielfalt und Ambiguität werden institutionelle Strukturen durch paulinische Charismenlehre flankiert. Mit dem Bewusstsein für die Alterität Gottes gegenüber der menschlichen Gottesrede werden theologische Gewissheiten durch den Verweis auf die Entzogenheit Gottes konterkariert.

Die Theologin Veronika Hoffmann formuliert vor diesem Hintergrund eine theologische Würdigung des Zweifels und der Unsicherheit im Kontext von Identitätsentwicklung und persönlichem Glauben:

»Wird Glaube wesentlich im Paradigma der Stabilität gedacht, kann Zweifel kaum anders denn als bedrohliche Anfrage verstanden werden – und dabei macht es keinen Unterschied, ob Glaube stärker als Vertrauens- oder als Zustimmungsakt aufgefasst wird. (...) Im Rahmen von etwas stärker dynamisierten Formen des Verständnisses von Identität und Glauben können Zweifel und Verunsicherung im Glauben als Motor eines Glaubenswachstums und damit der Weiterentwicklung der eigenen Identität gelesen werden.«[46]

Über diese positive Lesart eines für das Glaubenswachstum erforderlichen Zweifels wären jedoch auch glaubensimmanente Aspekte der positiven Verunsicherung zu berücksichtigen: In den christlichen Traditionen gibt es eine Fülle von Erzählungen und Beispielen dafür, dass Menschen durch markante Glaubenserfahrungen in ihrer bisherigen Lebenspraxis und in ihren bestehenden Lebenskonzepten destabilisiert werden: biblische Narrative von Menschen, die als Jünger:innen auf die Ansprache durch Jesus bisherige Berufe und festgelegte Lebensentwürfe hinter sich lassen; Prophet:innen, die sich von Gott in Dienst nehmen und in Konflikte mit ihren Zeitgenoss:innen führen lassen; große Heilige, wie Franz von Assisi oder Hildegard von Bingen, die sich aufgrund eines Bewusstseins für ihre Berufung kirchlichen und gesellschaftlichen Konventionen entziehen.

Entgegen einer optionalen Einordnung des religiösen Glaubens in die singularisierten Logiken der »Selbstoptimierung«, wonach der Glaube in irgendeiner Form nützlich, gewinnbringend, tröstlich oder stabilisierend sei, unterstreicht Hans Joas dessen entgegengesetzte Struktur. Christlicher Glaube entzieht sich demnach gerade den Mechanismen der Selbstoptimierung, ist deren Alternative.⁴⁷ Zwar entwickelt sich die Übernahme religiöser Vorstellungen und Praktiken in der Moderne zu einer Option, kann also entlang persönlicher Einsichten und Plausibilitäten gestaltet und gewählt werden. 48 Doch suggeriert dies eine Form der rationalen und reflektierten persönlichen Entscheidung, die kaum den religiösen Praktiken und der Bestimmung von religiöser Zugehörigkeit der Spätmoderne entspricht. Denn diese orientieren sich nicht nur (und weit weniger als kirchlich meist angenommen) an Argumenten und bewussten Entscheidungen, sondern in einem erheblichen Umfang an persönlichen Sympathien und zwischenmenschlichen Beziehungen wie auch an ästhetischen Passungen. Die Vorstellung einer Dominanz bewusster Glaubensentscheidungen entspricht dem Ideal eines ausschließlich rational entscheidenden und gestaltenden Subjekts. Das deckt sich allerdings nicht mit der Vielschichtigkeit von Lebens- und Glaubenswegen, die sich in der Spätmoderne eher an ästhetischen Wahrnehmungen orientieren.

2. Unübersichtlichkeit und ihre institutionellen Versuchungen

Bereits im ersten Kapitel war auf die für die Spätmoderne charakteristische Unübersichtlichkeit in den gesellschaftlichen Prozessen hingewiesen worden. Diese Unübersichtlichkeit ereignet sich in praktisch allen gesellschaftlichen Teilbereichen und wird durch technische und kulturelle Entwicklungen in einer »Kultur der Digitalität«[49], deren technische Grundierung[50] potenziert. Dabei lohnt sich jedoch auch die Wahrnehmung anderer gesellschaftlicher Aushandlungsprozesse, wie die Bestimmung von Geschlechterverhältnissen: Aus den Errungenschaften des Feminismus[51] und der Befreiung aus patriarchalen Strukturen, die sich damit auch für Männer bzw. für alle Menschen aus festgefügten Rollenmustern ergibt, entsteht eine grundlegend veränderte Situation. Denn die Form der Ausgestaltung geschlechtlicher Identität entwickelt sich zu einer Frage des gesellschaftlichen Status und des gesellschaftlichen Verhältnisses zu ihrer eigenen Vielgestaltigkeit.

Wer diese Unübersichtlichkeit für die christlichen Kirchen als bedrohlich skizziert, wird die theologischen Elemente wohl übersehen, mit denen sich ein erhebliches Anschlusspotenzial ergeben kann. Der historische Umstand, dass das Christentum in seinen Anfängen sowohl von der jüdischen Tradition des Volkes Israel geprägt ist, zugleich aber schon von der ersten Generation der Jünger:innen Jesu an in großem Umfang hellenistischen Einflüssen ausgesetzt war, macht das entstehende Christentum zu einer kulturell relativ offenen religiösen Bewegung. Sie findet – bei allem Schmerz über Phasen und Phänomene der Verengung, der Gewaltgeschichte oder der Selbstüberhöhung – ihre Fortsetzung in der Fähigkeit zu Inkulturation und Dezentralität. Dies ist jedoch kein bloß strategisches Element einer spätestens seit dem 3. Jahrhundert massiv expandierenden Religion, sondern ein (vielfach übersehenes oder gering geachtetes) Zentralelement des christlichen Selbstverständnisses.

Schon in den unterschiedlichen Entwicklungen der Gemeinden, mit denen der Apostel Paulus in Kontakt steht, lässt sich durch seine Briefe erkennen, wie sehr Unübersichtlichkeit und Ungleichzeitigkeit zum Wesen des sich erst herausbildenden Glaubens gehört. Die konfessionelle Pluralität und Vielgestaltigkeit sind eben nicht bloß ein Ergebnis von Konflikten, Abspaltungen und Reformationen, sondern beginnen mit der Entstehung christlichen Glaubens selbst:

Die Uneindeutigkeit des Christlichen zeigt sich zunächst im Prozess seiner eigenen Entstehung, für das natürlich keinerlei Datum, kein Akt oder Ort angesetzt werden kann. Es gehört bis heute zu den theologischen Streitthemen, bis wann die Kanonisierung biblischer Schriften als abgeschlossen oder die Ausbildung spezifisch christlicher Gemeinde-Identitäten als gegeben angesehen werden. Die Vielfalt von Gemeindeformen reicht bis hinein in eine plurale gottesdienstliche Praxis und in die Vielgestaltigkeit der Abendmahlstraditionen.[52]

Es gehört zur Tragik kirchlicher Entwicklungsprozesse, gegenüber bestehender Vielgestaltigkeit und Diversität wenig Wertschätzung zu kultivieren und stattdessen in Prozesse der Vereindeutigung überzugehen.

Das Ideal des Eindeutigen erlangt problematische Dominanz

Diese Prozesse werden flankiert durch eine Idealisierung des Eindeutigen. Die Anfeindungen und Verfolgungen von Menschen christlichen Glaubens bringen eine Tradition christlicher

Märtyrer:innen hervor. Sie gelten als Bekenner:innen, die nicht nur in brutalen Formen der Verfolgung ihrer religiösen Überzeugung treu bleiben und dadurch mit ihrem Schicksal ein Glaubenszeugnis verbinden. Dies wird in späteren Jahrhunderten ein wichtiger Bestandteil der kirchlichen Glaubensverkündigung im Modus eindeutiger Grenzdefinitionen. Mit ihnen werden profilierte Abgrenzungen gegenüber Ansätzen des Religionswechsels, synkretistischer Kombinationen von Religionen oder individuellen Kompromissen bearbeitet. Das radikale Bekenner:innentum steht unter der Prämisse größtmöglicher Entschiedenheit und Radikalität in der persönlichen Bindung an den Gott Jesu Christi und der Gestaltung eines christlichen Lebensentwurfs. Hinzu kommen frühe Konflikte in zentralen Glaubensfragen, von denen etwa die großen Ökumenischen Konzilien wie auch regionale Konzilien und Synoden geprägt waren. Aus ihnen entstehen zentrale Formulierungen des christlichen Glaubensbekenntnisses, die in dieser Form auch Eingang in die Liturgie fanden. So ist die sonntägliche Versammlung von Christ:innen in ihrer kirchlichen Form immer auch mit expliziten Glaubensbekenntnissen in ihrer traditionellen und formalisierten Form verknüpft. Während die Form persönlicher, und das heißt individuell formulierter, Glaubensbekenntnisse in der Breite der großen Kirchen weithin verloren geht und sich überwiegend auf kleinere, charismatische Gruppierungen beschränkt, avancieren die traditionell kirchlichen Glaubensaussagen als »Symbola« zu einem festen Bestandteil der liturgischen Praxis. Sie werden zum Ausweis weltkirchlicher und zumindest in der Wahrnehmung ihrer Übersetzungstradition auch konfessioneller Zugehörigkeit und darin zu einem der Instrumente der Vereindeutigung und Einheitlichkeit. Dass sich die Formulierung persönlicher Glaubensgewissheiten und das

Ablegen individueller Glaubensbekenntnisse dagegen nicht erhalten bzw. in den meisten Regionen nicht etablieren konnte obwohl die Sympathie dafür gerne, häufig und meist recht stereotyp kundgegeben wird, veranschaulicht einen kirchengeschichtlichen Grundzug: Mechanismen der Vereindeutigung und der Entschiedenheit markieren die offiziellen Grenzmarkierungen für die Zugehörigkeit zur Gemeinschaft. Unabhängig davon variieren die persönlichen Überzeugungen allerdings in einem breiten Spektrum, verschwinden jedoch bis in die Neuzeit hinter den offiziellen kirchlichen Bekenntnissen. Erst in der Moderne kommt es auch unter den Kirchenmitgliedern zu breiten Anfragen gegenüber den kirchlichen Mechanismen der Vereindeutigung und zu einem Ringen um legitime individuelle Glaubenswege. In der Spätmoderne schwinden daher Bedeutung und Plausibilität kirchlicher Grenzziehungen durch kollektive und traditionelle Bekenntnisse und werden durch freie Kombinationen unterschiedlicher religiöser Traditionen ersetzt, die sich primär an ästhetischen Mustern orientieren.

Diese Entwicklung lässt sich auch als Subjektivierung verstehen, insofern es dem subjektiven Empfinden der Einzelnen überlassen bleibt, einzelne Elemente religiöser Traditionen aus einem Gesamtsetting zu lösen und sie miteinander zu rekombinieren. Die entscheidende Autorität in der Bewertung dieser individuellen Prozesse stellt damit das subjektive Empfinden der Einzelnen dar, was die Bedeutung von Wahrheitsdiskursen in den theologischen und philosophischen Auseinandersetzungen nivelliert. Der italienische Philosoph Mario Perniola spricht daher von einem »Glauben ohne Dogma«[53], der sich primär entlang ästhetischer Codes orientiert, so dass der Salzburger Theologe Gregor Maria Hoff hier ein wichtiges Element des Zerfalls einer »römisch-katholischen Wahrheitsbestimmung«[54] ausmachen kann. Hier mag nun offen bleiben, ob diese spätmoderne Entwicklung im Sinne einer gegenwartskulturellen Verfallshermeneutik als Problem bearbeitet werden muss, oder aber als ein Phänomen einer langen Tradition der Uneindeutigkeit gewürdigt werden kann.

Auch im Umgang mit diesen Religionsformen des 21. Jahrhunderts werden zwei geschichtliche Traditionslinien sichtbar, die parallel verlaufen: Tendenzen der Vereindeutigung als eine Form statischer Risikovermeidung, um Vielgestaltigkeit zu meiden oder zu vermindern, und auf der anderen Seite jene Formen der Würdigung von Vieldeutigkeit und Ambiguität als Ansätze dynamischer Risikogestaltung. Wenn auch die Ansätze der Vereindeutigung im Laufe der Kirchengeschichte immer wieder Dominanz erlangen, z.B. als Form der »römisch-katholischen Wahrheitsmacht«[55], in Form von Katechismen und Direktorien und institutionellen Zentralisierungen, so werden sie doch immer wieder durch eine Kultur des Uneindeutigen begleitet und in Frage gestellt: durch variierende spiritualitätstheologische Traditionen in der Ordensgeschichte, durch Formen »differenzbezogener Dogmatik«[56] oder in pluralen Formen der Inkulturation oder der Etablierung synodaler und partizipativer Leitungsformen zur Korrektur von Zentralismen. Am deutlichsten wird dies in einer christlichen Religionspraxis, die die eigenen Traditionen als »Reservoir«[57], als Bestand zur freien Rekombination nutzt und das Verhältnis zur Kirche (fatal und vielsagend immer wieder als »Kirchenbindung«[58] verstanden) in individuellen Abstufungen und biografischen Verläufen unterschiedlich bestimmt. Der Franzose François Jullien entwickelt als Sinologe und Philosoph daraus ein Verständnis des Christentums als gesellschaftliche »Ressource«. Damit entsteht nicht nur eine befreiende institutionelle Entmachtung, ein Hoheitsverlust institutioneller Autoritäten über die Traditionsbestände:

> »Wenn es also eine ›Ressource‹ des Christentums gibt, so deshalb, weil man einen Nutzen aus ihr ziehen, sie Quelle einer Wirkung werden könnte, ohne dass man zuvor die Frage nach ihrer Wahrheit stellen müsste.«[59]

Dass das Christentum als Ressource auch »ausgebeutet«[60] werden kann, verdeutlicht nicht nur, dass es in dieser radikalen Veruneindeutigung sein maximales Risiko findet, sondern auch zum eigenen kenosis-theologischen Zentrum gelangt. Denn dieses Zentrum ist von einer Gottesvorstellung geprägt, in der Gott sich in der Menschwerdung verschenkt, als Menschgewordener unerkannt bleibt (Joh 1,26) und das Risiko des schändlichen Lebensendes eingeht. In der Rückbindung an diesen zentralen, kenosis-christologischen Bezugspunkt des christlichen Selbstverständnisses lässt sich christlicher Glaube in der seiner Grundhaltung der Hinwendung als maximal risikoaffin bestimmen.

Parallel zeichnet sich die spätmoderne Religionspraxis durch paradoxe Gegenläufigkeit aus: Bis in die Gegenwart faszinieren theologische Entwürfe eine breite Leser:innenschaft, in denen die Vielgestaltigkeit biblischer Jesusüberlieferungen in ein homogenisiertes Konzept einer Jesuserzählung im Singular überführt werden. Sie sind deshalb – jeglicher Faszination zum Trotz – als Verlusterscheinung zu identifizieren. Mit den entsprechenden Ansätzen schwinden kirchliche und theologische Ambiguität[61], was als Entwicklung zu einer statischen Risikobearbeitung oder einer Domestizierung von Risiken verstanden werden kann.

Die Phänomene dieser strategischen Vereinheitlichungen des Christlichen sind zahlreich und teilweise fest in der kirchlichen Kommunikation verankert. Die geistliche Tradition etwa, das Pfingstereignis als »Geburtsstunde der Kirche« zu verstehen, erfreut sich bis in die Gegenwart einer kirchlich-kommunikativen Beliebtheit. Sie täuscht allerdings darüber hinweg, dass Kirche und Christentum in einem langen Prozess entstanden sind. Nicht einmal die Benennung eines einzelnen Religionsstifters ist deshalb, wie in den meisten anderen Religionen, möglich. Das Narrativ des Pfingstereignisses begründet zwar keinen eindeutig abgrenzbaren Akt einer Kirchengründung, es verweist stattdessen auf eine kirchliche Grundstruktur. Sie ist mit dem Begriff der Charismen verbunden und stellt das wohl wichtigste risikoaffine Element der christlichen Theologie dar. Während sich mit der zunehmenden Etablierung des Christentums schrittweise feste Strukturen von Ämtern, Standards von rituellen Vollzügen und in allem eine zunehmende Institutionalisierung beobachten lassen, deren Grundlagen und erste Formen freilich im paulinischen Textcorpus zu finden sind, stellen die Charismen dabei ein schwer zu integrierendes Element dar. Paulus geht davon aus, dass alle Getauften mit spezifischen Charismen ausgestattet sind. Zwar wird auch der Begriff der Charismen in den biblischen Texten und der ganzen Antike nicht eindeutig verwendet, meist werden Charismen jedoch als Geschenk oder Gabe verstanden. Sie sind dabei nicht einfach mit den persönlichen Talenten zu identifizieren, sondern werden, wie etwa bei dem Theologen Thomas Söding[62] und in Anlehnung an 1 Kor 12,7 meist noch dadurch bestimmt, dass sie nicht nur den einzelnen Menschen dienen, sondern auf den Aufbau von Gemeinde und Kirchen ausgerichtet sind und damit eine institutionelle Funktion für die Gemeinschaft der Glaubenden in sich tragen. Da sie aber als Gabe die einzelnen Menschen auszeichnen, ist ihr Verhältnis zur Einheit der Kirche eine bis in die Gegenwart anhaltende Herausforderung.[63] Aufgrund ihrer für die Prozesse der Institutionalisierung eher destabilisierenden Effekte würdigt der Theologe Gotthold Hasenhüttl die Charismen als »Ordnungsprinzip« der Kirche. Hier wird erkennbar, dass es eine positiv zu verstehende Form der Destabilisierung geben kann. Die Charismen als Korrektiv einer allzu starren Institutionalisierung repräsentieren solche Elemente einer risikoaffinen Tradition.

Vereinfacht lässt sich mit Verweis auf die Charismen sagen, dass die Ordnung der Kirche grundlegend vor allem darin besteht, dass diese Ordnung immer wieder heilsam destabilisiert und dynamisiert wird. Deshalb stehen die einzelnen Menschen nicht nur in der Verantwortung, ihre Charismen für das Gesamt der Gläubigen einzubringen, sondern auch der Kirche als Gesamt der Gläubigen kommt die Aufgabe zu, die Einzelnen in der Ausbildung ihrer Charismen zu fördern.[64] Erst wenn dieser der Vielfalt und Unübersichtlichkeit dienende Aspekt von Institution, von Hierarchie und Ämtern gepflegt wird, kann von einer angemessenen Kirchenstruktur ausgegangen werden.

Charismen – Inbegriff und Zumutung von Vielfalt

Umso grundlegender ist, dass in der katholischen Kirche mit dem Zweiten Vatikanischen Konzil das Bewusstsein für das Gemeinsame Priestertum aller Getauften ebenso wie das Verständnis von den Charismen der Einzelnen in der Kirche neue Wertschätzung gefunden hat. Eine intensive praktische Bearbeitung des Begriffs der Charismen war im Rahmen des Konzils noch nicht möglich. Aber die Positionsschrift »Gemeinsam Kirche sein« der Deutschen Bischöfe aus dem Jahr 2015 zeugt von einer intensiven Auseinandersetzung in Theologie und Kirche mit diesem theologischen Motiv. Hier wird allerdings indirekt auch das zentrale Problem sichtbar, das von den Bischöfen ausgelassen wird und deshalb wie ein »weißer Elefant im Raum« unübersehbar den Diskursraum bestimmt: Wer sich in der Kirche mit den Charismen beschäftigt, muss sich die Frage stellen, in welcher geeigneten Form das kirchliche Amt die Menschen darin fördert und unterstützt, ihre Charismen zu entdecken, auszubilden und zu gestalten.

Hier entsteht also eine implizite Selbstverpflichtung der Bischöfe, die nicht näher thematisiert wird. Zudem stehen die Charismen immer auch in einem Spannungsverhältnis zum Weiheamt. Schließlich ist es möglich, dass Menschen das Charisma der Leitung ohne ein entsprechendes Weiheamt haben. Und es ist andersherum möglich, dass Menschen Weiheämter empfangen und an der Leitung von Gemeinden und Bistümern teilhaben, aber das Charisma der Leitung vermissen lassen. Dieses Spannungsverhältnis wird sich nicht einfach auflösen lassen. Aber es wird produktiv, wenn es anhaltende Prozesse zur Verhältnisbestimmung anstößt.

Insofern durch das wachsende Bewusstsein für Fragen gesellschaftlicher Diversität in der Spätmoderne auch beobachtbare Prozesse der »Vereindeutigung«[65] zunehmend problematisiert werden, wird das Potenzial kirchlicher Traditionselemente der Vielfalt, wie z.B. die Charismenlehre, zu einer besonderen Chance gesellschaftlicher Anschlussfähigkeit. Die breite Würdigung von Vielfalt und Ambiguität im Bereich der Kulturwissenschaften[66] wird zur Anfrage an eine Idealisierung von Eindeutigkeit, wie sie sich in der kirchlichen Tradition von bekenntnishafter Entschiedenheit findet. Zugleich ermutigt diese kulturwissenschaftliche Entwicklung zur Würdigung kirchlicher und theologischer Vielfalt. Denn Vielfalt geht mit einer breiten Streuung von Interpretationen, Lebenskonzepten, Charismen und Kompetenzen einher und ist darin eine entscheidende Komponente einer dynamischen Risikokultur. Wo möglichst viele unterschiedliche Wege gesucht werden, ergibt sich eine Verteilung der Aufgaben und Problemlösungen auf »möglichst viele Schultern«. In Politik- und Gesellschaftswissenschaften wird dies als »kooperative Kompetenzaneignung«[67] verstanden, die in den Open-Source-Konzepten digitaler Formate, wie etwa bei Wikipedia, Anwendung finden: Wo möglichst viele Menschen ihre Expertise einbringen, entsteht ein Schatz an Erfahrung und Wissen, der auf maximaler Breite aufbaut. Diese Erkenntnis hat zu einem Boom hinsichtlich des Bewusstseins für Diversität in Unternehmen und Organisationen geführt, um mit einer größtmöglichen Verschiedenheit der Mitarbeiter:innen eine maximale Multiperspektivität zu erlangen. Die Risiken dieser Konzepte liegen gerade in ihrer Manipulierbarkeit durch den Verlust redaktioneller Instanzen.

Es gibt sie: die Traditionssegmente der Pluralität

Während die Etablierung einer lernenden, also prozessorientierten Krisenbearbeitung eine zeitliche Streckung bewirkt, ergibt sich mit der Förderung von Vielfalt eine horizontale Dehnung. Zeitliche Streckung und horizontale Dehnung sind die Grundpfeiler einer dynamischen Risikobearbeitung und damit ein entscheidender Faktor für gelingendes Leben in einem als unübersichtlich und vielfältig erlebbaren gesellschaftlichen Kontext.

Im Christentum gibt es für diese risikoaffine Würdigung von Diversität eine Reihe von theologischen Mustern. Ihre Tragik liegt darin, dass sie häufig von einem stabilitäts- und sicherheitsorientierten Denken verdeckt werden. Eine Kirche, die sich um die Anschlussfähigkeit zu spätmodernen Gesellschaften und ihren dynamischen Risikokulturen bemüht, wird ihre eigenen risikoaffinen Traditionselemente zu identifizieren und zu würdigen haben.

Einige solcher Muster seien hier benannt: So ist dem Christentum seit den markanten Aushandlungsprozessen seiner Entstehung ein positives Verhältnis zur Pluralität eigen. Das gilt etwa für das kirchliche Leben, das sich nicht erst in den großen Spaltungen der Geschichte in mehrere Formen und Konfessionen aufgliedert, sondern von Beginn an verschiedene kirchliche Entwicklungsstränge kennt. Denn die historischen Untersuchungen haben gezeigt, dass sich das Entstehen der Kirche nur als langer Prozess an unterschiedlichen Orten begreifen lässt. Das Pfingstereignis lässt sich eben nicht auf einen Tag oder einen Moment eingrenzen. Das zeigt sich neben der Entstehung unterschiedlicher Kirchen nebeneinander auch in dem zentralen kirchlichen Bezugspunkt biblischer Texte. Die Bibel, wie sie heute überwiegend bekannt ist, stellt eine Sammlung unterschiedlicher Gattungen und Genres wie auch vielfältiger Theologien dar. Ihre Zusammenführung zu einer Sammlung, dem »Kanon« der Bibel, wird mittlerweile im Prozess der Kanonbildung mit einer Dauer von mehreren Jahrhunderten angenommen. Auch wenn die Evangelien des Neuen Testaments nicht die ältesten Texte sind, die vom Auftreten Jesu berichten, kommt ihnen im kirchlichen Leben eine herausgehobene Stellung zu. Die vier verschiedenen Evangelien sind teilweise in ihren Entstehungsprozessen miteinander verbunden, zeichnen sich aber eben auch durch theologische und literarische Spezifika aus. Diese Vielfalt verstärkt sich weiter, wenn die älteren Briefe des Paulus und seines Umfelds mit herangezogen werden. Während es also keinerlei schriftliche Dokumente von Jesus gibt, gibt es gleich eine Reihe von verschiedenen Texten über ihn. Vor diesem Hintergrund verwundert es nicht, dass eine Vielfalt unterschiedlicher Gemeinde- und Liturgieformen der sich bildenden Gruppierungen entstehen konnte. Darauf hat etwa der Theologe Ansgar Wucherpfennig im Hinblick auf die rituellen Vollzüge der Abendmahlstradition verwiesen.[68]

Die spannendsten Erkenntnisse in Theologie und Kirche entstehen allerdings manchmal dort, wo nichts gesagt wird oder nichts passiert. Das ist auch bei dem Blick auf die biblische und gemeindliche Vielfalt so: Es kommt nicht zu einer Vereinheitlichung der verschiedenen Texte, um damit Eindeutigkeit zu erzeugen. Es gibt keine Autorität, die homogenisierend eingreifen könnte. Und gerade dieses Ausbleiben der Homogenisierung ist eine markante Grundlage für eine positive Würdigung innerkirchliche Pluralität. Sie ist das Fundament des Traditionsstrangs risikoaffiner Theologien.

3. Wenn die Kirche nur noch die Kirche rettet

Je stärker die Säkularisierungstendenzen spätmoderner Gesellschaften und die Schwächung gesellschaftlicher Institutionen die großen Kirchen in eine Existenzkrise führen, desto intensiver werden die Überlegungen für einen adäquaten Umgang mit der unübersehbaren Kirchenkrise. Für die katholische Kirche verstärken sich die Forderungen nach grundlegenden Neuausrichtungen in ihrem Verhältnis zu den freiheitlichen Errungenschaften moderner Gesellschaften insbesondere vor dem Hintergrund des massiven klerikalen Missbrauchs- und Vertuschungsskandals. Hier kommen zwei strukturelle Krisen zusammen und verstärken sich gegenseitig: Das für die katholische Kirche bis in die Gegenwart immer noch zu beobachtende Ressentiment gegenüber modernen Freiheitsverständnissen, gegenüber den Ideen der Menschenrechte und den Grundstrukturen der Demokratie. Ihnen stand die römisch-katholische Kirche lange Zeit reserviert bis ablehnend gegenüber, brach jedoch mit der entsprechenden Abwehrhaltung. Diese Wandlung lässt sich als Einlassen der katholischen Kirche auf das Denken der Moderne verstehen. Da es allerdings primär auf die gesellschaftlichen Entwicklungen und nicht bzw. nur in Ansätzen auf die internen kirchlichen Strukturen und theologischen Konzepte übertragen wurde, entsteht eine massive Innen-Außen-Spannung. Während sich die katholische Kirche als Anwältin von Menschenrechten, unterdrückten Minderheiten und demokratischen Gesellschaftsstrukturen versteht, muss sie mit dem Vorwurf leben, in ihrem Binnenbereich diese Ideale nicht einzulösen, selbst gegen grundlegende Rechte zu verstoßen und gesellschaftliche Standards zu unterlaufen. Diese Innen-Außen-Differenz vermindert nicht nur die Glaubwürdigkeit der kirchlichen Verkündigung und die gesellschaftliche Akzeptanz der Kirche in den öffentlichen Diskursen. Sie diskreditiert jegliche

Versuche, die christliche Glaubensbotschaft in den Kontexten der Gegenwartsgesellschaft zu kommunizieren.

Das erhebliche Ausmaß der sexualisierten Gewalt durch Kleriker und ihre Vertuschung auf kirchenleitender Ebene erscheinen vor diesem Hintergrund als Bestätigung einer kirchlichen Verlogenheit. Die Kirchenkrise mit erheblichen Austrittszahlen und dem Schwund an kirchlichen Mitarbeiter:innen auf allen Ebenen stellt sich dabei als logische Konsequenz dar. Zunehmend kommen in der Analyse von Kirchenkrise und Missbrauchsskandalen jene Strukturen in den Blick, die zu der gegenwärtigen Situation geführt haben. Die genannte Innen-Außen-Differenz und das nach wie vor zu beobachtende und in kirchlichen Kreisen verbreitete Ressentiment gegenüber den Freiheitsverständnissen moderner Gesellschaften gehören zu den hintergründigen Strukturproblemen des Katholizismus, wie sie etwa von dem Freiburger Theologen Magnus Striet[69] beschrieben werden.

Vordergründig ließe sich eine Institution in der Krise durch gängige Maßnahmen bearbeiten, die in anderen Gesellschaftsbereichen, wie in politischen Prozessen oder in der Ökonomie, etabliert sind. Entsprechende Versuche, sich auch in den kirchlichen Bereichen auf ein ähnliches Setting von Maßnahmen zu beschränken, lassen sich immer wieder beobachten.

Dazu gehört die intensive Arbeit am kirchlichen Profil, das Formulieren von »Mission Statements« oder die Etablierung von Logiken des Marketings. Für sich genommen sind die Maßnahmen zu würdigen, wenn sie auch zu tiefergehenden Reflexionsprozessen führen. Allerdings können sie nur einen sehr kleinen Beitrag zur Bearbeitung der Kirchenkrise leisten und verbleiben an der Oberfläche. Längst können das die kirchlichen Mitarbeiter:innen im Bereich der Öffentlichkeitsarbeit von Diözesen,

Verbänden oder Ordensgemeinschaften erleben. Hier gibt es mittlerweile hervorragende Beispiele weit professionalisierter Angebote. Doch auch sie können nur mit den lehramtlichen Positionen und Denkmustern arbeiten, die der katholischen Kirche immer noch eigen sind. Ja, im schlimmsten Fall werden sie als professionell gestaltetes Deckmäntelchen einer problematischen Organisation empfunden und in der Wahrnehmung von Zeitgenoss:innen als Täuschungsversuch eingeordnet, wenn etwa das redliche Bemühen auf regionaler oder diözesaner Ebene von Stil und Haltung gegenüber diskriminierten gesellschaftlichen Gruppen in weltkirchlichen Dokumenten konterkariert werden. Diese Effekte gelten freilich für alle gesellschaftlichen Akteur:innen und Organisationen. Für eine christliche Kirche kommt jedoch ein Element hinzu, auf das der französische Philosoph Jean-Luc Nancy mit dem Begriff der »Autodekonstruktion«[70] des Christlichen hingewiesen hat: Sie hat sich immer wieder auf das Auftreten Jesu, seine Botschaft und seine christliche Interpretation als Sohn Gottes zu beziehen. Nur ist dem Christentum dieser grundlegende Bezugspunkt in Leben und Auftreten Jesu weitgehend entzogen.

Die christliche Entzogenheit des eigenen Ursprungs

Ein Zugang zum Ursprung des christlichen Glaubens ist nur vermittelt über die Schriften des Neuen Testaments und deren vielfältigen Deutungen Jesu möglich. Diese Schriften sind zudem Teil eines historischen Prozesses, in dem sich das Christentum erst über mehrere Jahrhunderte gebildet hat. Am Beginn der christlichen Bewegung und dem, was erst relativ spät als Kirche bezeichnet wird, steht also ein schwer zu durchschauender dynamischer Prozess von immer neuen Aushandlungsprozessen unterschiedlicher Strömungen. Sie sind verbunden mit der Erkenntnis, dass sich die historische Person Jesu selbst in der Bestimmung als Mensch jüdischen Glaubens dem Zugriff des Christentums entzieht. Angesichts dieser Ausgangslage verwundert es nicht, dass auch die Entstehung der Kirche(n) im Plural erfolgt. Nicht erst die historischen Spaltungen des 11. Jahrhunderts oder der Reformationszeit sind der Beginn kirchlicher Pluralität. Schon im Entstehen christlicher Kirchen erfolgen die Entwicklungen mit einer beeindruckenden Dezentralität und Vielfalt kirchlicher Gemeinschaftsbildungen. Was am Beginn des Christentums steht, ist eine vielfältige Entstehungsdynamik, die sich eben nicht auf den einen Fixpunkt reduzieren lässt. Das ist kein Defizit, sondern ein herausfordernder Reichtum, der das Christentum eigentlich sehr pluralitätsaffin prägt. Im Verhältnis zu Vielfalt und Ambiguität zeigt sich in besonderer Weise, dass sich christlicher Glaube nicht durch Rückzug auf ein sich abgrenzendes Profil des Eindeutigen bestimmen lässt. Stattdessen erweist er sich als risikoaffin, insofern er durch das Muster der Hinwendung charakterisiert wird.

Hinwendung statt Abgrenzung

Mit einem Bezug auf die paulinische Theologie des Philipperbriefes lässt sich nach diesem Kern des christlichen Glaubens fragen. Er ist eng mit dem Begriff der Hingabe verbunden, die als theologisches Muster der Kenosis-Christologie die Person Jesu als göttliche Selbsthingabe einordnet: »Christus Jesus war Gott gleich, / hielt aber nicht daran fest, Gott gleich zu sein, sondern er entäußerte sich / und wurde wie ein Sklave / und den Menschen gleich.« (Phil 2,6-7).

Diese Bestimmung Jesu als Form der Hingabe Gottes kann zugleich als Maxime eines christlichen Lebensideals verstanden werden, das sich mit Glauben und Leben an den Jesusüberlieferungen auszurichten versucht. Auch im Zentrum einer christlichen Daseinsethik steht deshalb ein Ideal der Selbsthingabe der Menschen, die mal als Nächstenliebe und mal als Dienst, mal als liturgischer und spiritueller Vollzug und mal als caritativ-diakonale Handlungsmaxime auszuformulieren ist. Diese Hingabe zu den auf unterschiedliche Weise Notleidenden wird schon früh als zentraler Ausdruck eines christlichen Selbstverständnisses betrachtet. Sie ist auch in den überlieferten Jesus-Narrativen derart priorisiert, dass sie zu einem entscheidenden Konstitutiv des gemeinschaftlichen, kirchlichen Selbstverständnisses wurde. Das berühmte an die Ekklesiologie von Dietrich Bonhoeffer angelehnte Diktum von Bischof Jacques Gaillot drückt dies prägnant aus: »Eine Kirche, die nicht dient, dient zu nichts.«[71] Vom Ideal der eigenen Hingabe kann sich auch eine christliche Kirche deshalb nie dispensieren. Und sie geht in Orientierung an der Deutung des Todes Jesu als Selbsthingabe Gottes so weit, dass alle Sorge der Kirche um sich selbst nachrangig wird. Ja, die Kirche hat als Versammlung von Gläubigen, als Bewegung und Institution nur darin eine Daseinsberechtigung, dass sie die dienende und sich verschenkende Ausrichtung aller Christ:innen unterstützt und verstärkt. Das klingt vielleicht fromm und abgenutzt, hat aber weitreichende Konsequenzen.

Kein Kampf gegen Ansehensverluste

Denn damit erhalten Verlusterfahrungen bei Status und Ansehen sowie gesellschaftliche Abstiege eine konstitutive Bedeutung im Kern des Christentums. Im Extremfall hat die Kirche deshalb den eigenen Untergang und die nicht mehr mögliche Wahrnehmung ihres eigenen Profils hinzunehmen oder gar zu suchen, wenn sie für die konkrete Ausgestaltung des eigenen Anspruchs der Hingabe nötig ist. Der Soziologe Andreas Reckwitz hat sich mit der Bedeutung von Verlusterfahrungen in spätmodernen Gesellschaften befasst und darin eine »komplexe Verlustparadoxie«[72] analysiert: Neben dem Vermeiden von Verlusten durch technischen und wissenschaftlichen Fortschritt entstehen zugleich neue Formen, Verluste sichtbar zu machen und zu kommunizieren. Wenn in der Kirchenkrise des 21. Jahrhunderts ein Niedergang eines kirchlichen Systems zu erleben ist, das viele Menschen geprägt hat, löst dies ganz zweifellos große Trauerprozesse aus. Eine der Umgangsweisen mit Verlusten ist das »Doing Loss« als Bestandteil eines Bearbeitungsrepertoires. Damit sind Erklärungs- und Bearbeitungsmuster angedeutet, mit denen Verlusterfahrungen eingeordnet, umgedeutet oder einfach negiert werden können. Manche dieser kommunikativen und politischen Strategien im Setting des »Doing Loss« verlieren mit der Zeit ihre Tragfähigkeit. Sie verlieren an Wirkung und müssen ersetzt oder ergänzt werden. Das gilt in der Spätmoderne nach Reckwitz etwa für das ökonomische und gesellschaftliche Wachstumsparadigma. Andere Strategien, etwa die kommunikativen Muster des Populismus und sein Spiel mit der Annahme eigener Benachteiligung, gewinnen an Bedeutung. Wie Verlusterfahrungen bearbeitet werden, kann ganz verschieden sein. Die Kombination verschiedener Muster wandelt sich sowohl im persönlichen wie im gesellschaftlichen Rahmen. Zu den beliebten und kirchenintern ausgesprochen wirkungsvollen »Doing Loss«-Instrumenten gehört die Forderung nach einem klar konturierten Profil. Da dieses spezifisch christliche oder gar konfessionelle Profil bei kirchlichen Schulen, Krankenhäusern und Pflegeeinrichtungen längst nicht mehr über die bloße Kirchenzugehörigkeit von Mitarbeiter:innen gesichert werden kann, kommt es seit den 1990er-Jahren zu Versuchen inhaltlicher Bestimmung eines kirchlichen Profils. Mit einer breiten gesellschaftlichen Akzeptanz des Marketingvokabulars scheint es plausibel, dass in einem kirchlichen Teilbereich Auskunft über das eigene Selbstverständnis gegeben wird. Es handelt sich oft um eine Strategie der Vereinheitlichung und Grenzziehung, mit der geklärt werden soll, wo sich die Identität des Eigenen bestimmen lässt. Spiritualitätstheologisch wird diese Strategie durch das Ideal größtmöglicher Entschiedenheit flankiert. Dabei wird schnell mit dem biblischen Element der Nachfolge Jesu durch Apostel:innen und Jünger:innen hantiert. Das postulierte Ideal der Entschiedenheit lässt allerdings auch erkennen, dass die beteiligten Menschen sich und anderen eingestehen müssen, diesem Anspruch nur bedingt zu entsprechen. Christliches Leben geht zu allen Zeiten und in allen Kontexten mit Kompromissen einher, nicht nur mit schlechten. Das Ideal größtmöglicher Entschiedenheit ist eine Konstruktion, der sowohl persönlich wie auch institutionell bestenfalls in Teilbereichen entsprochen wird. Es ist deshalb immer auch mit schambehafteten Grauzonen verbunden und es ist geeignet, als Machtinstrument Menschen unter Druck zu setzen. Die Sorge um das eigene Profil geht deshalb häufig mit problematischen Effekten der Exklusion einher. Doch auch im kommunikativen Ringen um die Formulierung des Profils zeichnet sich Problematisches ab: Meist wird hier versucht, die Effekte der eindeutigen Grenzziehung durch Rückgriffe in die eigenen Traditionsbestände abzusichern. Dann wird ein »christliches Menschenbild«, die »lebensbejahende Praxis Jesu«, die »biblische Tradition« oder einfach die »Gottesfrage des Menschen« ins Feld geführt, um daraus ethische Standards abzuleiten. Allerdings gibt es all diese Bezugsgrößen nicht im Singular. Sie sind immer vielgestaltige Annäherungsversuche, mit denen deutlich wird, dass es ein einheitliches christliches Menschenbild, die eine jesuanische Haltung oder die zentrale Botschaft der Bibel nicht gibt. Wer hier eine Einheitlichkeit behauptet, begibt sich auf das dünne Eis theologischer Populismen und beschädigt damit das Christliche, das hochgehalten werden sollte. Die bittere, darin entstehende Erkenntnis ist, dass es so einfach mit einem christlichen Profil leider nicht ist, weil das kirchliche Selbstverständnis als »lernende Organisation«[73] mit den Destabilisierungen von unabschließbaren, dynamischen Lernprozessen bestimmt ist.

ns arbeit
4. Religiöse Kommunikation als Beziehungsarbeit

In Krisenerfahrungen werden etablierte Denkmuster und Antworten destabilisiert. Das gilt auch für religiöse Praktiken und theologische Muster. Gerade dann, wenn sie auf eine zu einfache und damit unangemessene Eindeutigkeit abzielen und darin als religiöse Instrumente einer statischen Risikobearbeitung interpretiert werden können. Dazu gehört auch die im IV. Laterankonzil im Jahr 1215 gefundene Dekonstruktion der auf vermeintliche Sicherheit abzielenden Theologie-Stile: Dass mit jeder theologischen Aussage über Gott dessen Unähnlichkeit zunimmt und damit eine sprachliche Annäherung oder gar die Vorstellung, man habe das Wesen Gottes erfasst, verworfen wird, gehört sicherlich zu den wichtigsten Erkenntnissen der Theologie- und Kirchengeschichte. Jedes Nachdenken über Gott und erst das entsprechende Reden wird deshalb vorsichtig erfolgen und im bescheidenen Wissen, dass er oder sie letztlich doch das menschliche Denken übersteigt. Alternativ zu der Versuchung zu großer religiöser Sicherheit und Gewissheit hat sich in der Wahrnehmung existentieller Krisenerfahrungen und spätmoderner Unübersichtlichkeit eine Gottesrede im Modus eines »fragilen Transzendenzvertrauens«[74] entwickelt, wie sie in kulturtheologischen Ansätzen ausgemacht werden kann. Sie zeichnen sich bereits in ihren Grundlagen bei dem Theologen Paul Tillich dadurch aus, aus den Lebenserfahrungen heraus entwickelt zu werden und sich von diesen kontinuierlich anfragen zu lassen.

Damit im Sinne kulturtheologischer Ansätze christlicher Glaube in einer lebenshermeneutischen Form kommuniziert und damit in der Deutung von Ereignissen erlebt werden kann, bedarf es nicht nur einer mäeutischen Kompetenz, sondern noch grundlegender einer erfahrungsgesättigten Theologie: Es bedarf der Rückbindung jeglicher religiösen Rede an die konkreten zwischenmenschlichen Beziehungen. Wo religiöse Kommunikation als Beziehungsarbeit verstanden wird, verringert sich die Gefahr, den Bezugspunkt des Glaubens als bloße Sachfrage zu betrachten. Das jedoch kann nur in einer Haltung gelingen, die der amerikanische Theologe Ivan Illich schon 1970 als »Missionarisches Schweigen« bezeichnet. Wie im Erlernen einer Sprache komme es entscheidend darauf an, mit »feinfühliger Offenheit«[75] vor allem darauf an, nicht nur fremde Worte und Vokabeln zu lernen, sondern die Pausen und die »Formen des Schweigens«[76].

Vom Mitlaufen und Nachfolgen

Im August 2023 erscheint in der Wochenzeitung Die ZEIT eine Reportage zu Menschen, die am 29. August 2020 als Teil der Szene von »Querdenkern«, AfD-Anhänger:innen und Rechtsradikalen die Treppe des Berliner Reichstagsgebäudes erstürmt hatten. Das Ereignis gehört zu den markanten Angriffen auf die bundesdeutsche Demokratie. Nur wenig später werden bei der Erstürmung des Kapitols in Washington die Anhänger des abgewählten republikanischen US-Präsidenten Trump im Jahr 2021 noch schlimmere Bilder entstehen.

Bei den deutschen Demokratiefeinden und ihren größtenteils wirren Erklärungen findet sich eine bemerkenswerte und zugleich vertraute Begründungsfigur: »Ich bin einfach mitgelaufen!«[77] Formulierung und Denken sind nicht nur aus der deutschen Nachkriegszeit als Strategie der Selbstentschuldigung sehr vertraut. Menschen werden in diktatorischen Systemen zu Mitläufern oder legitimeren und verharmlosen zumindest im Nachgang ihr eigenes Verhalten nach diesem Schema.

Wer die eigene Rolle als bloßes Mitläufertum zu bestimmen versucht, macht zumindest deutlich, dass er/sie in der eigenen und kritischen Wahrnehmungsfähigkeit eingeschränkt war. Die Euphorie der Masse, die Begeisterung des Augenblicks oder die Verblendung durch Ideologien nimmt Menschen die Wahrnehmungsfähigkeit und schränkt ihre Sicht massiv ein. Die neutestamentlichen Evangelientexte bieten dazu ein Gegenmodell an: das der Nachfolge. Oberflächlich betrachtet können Mitlaufen und Nachfolgen sehr ähnlich erscheinen, denn auch von Jesus heißt es, dass er in Galiläa Menschen anspricht, sie begeistert und dazu bringt, mit ihm zu gehen und die Gemeinschaft von Apostel:innen und Jünger:innen zu bilden. Der Evangelist Matthäus schildert dieses Auftreten Jesu etwa so, dass die Menschen am See mitten in ihrer Arbeit einfach alles »stehen und liegen lassen« (Mt 4,20). Das wirkt radikal und sicherlich auch verstörend. Erinnert es doch sehr an die manipulative Praxis problematischer Seelenfänger:innen und charismatischer Typen, in deren Umfeld Menschen zu weitreichenden Lebensentscheidungen gebracht werden und dabei ihre kritische Reflexionskraft einbüßen. Nun stellen die Berufungsszenen kein historisches Faktum dar. Es sind theologische Narrative, mit denen nachträglich eine durch das Auftreten Jesu veränderte Lebensrealität abgebildet werden soll. Und auch die Menschen, die sich in diesen Narrativen von Jesus mitreißen lassen, wissen wohl kaum, worauf sie sich da einlassen und werden sich erst in der folgenden Zeit mit der Botschaft und Bedeutung Jesu auseinandersetzen.

Problematisch ist es, wenn die biblischen Narrative der Berufung zur Nachfolge Jesu als Idealbild eines besonders entschiedenen christlichen Glaubensweges interpretiert und damit zum Instrument toxischer Formen der »Seelenführung« umgedeutet werden. Das entstehende Christentum zeichnet sich in den frühen, sich bildenden Gemeinschaften gerade dadurch aus, dass auf Tendenzen der Vereindeutigung über weite Strecken verzichtet werden konnte. Menschen, die sich auf Jesus einlassen, bleiben ihren jüdischen, später auch ihren hellenistischen Wurzeln verbunden und können diese in die komplexen Identitätsbildungsprozesse der neuen Bewegung einbringen. Deshalb ist diese Entstehungsgeschichte nur als interkulturelle und interreligiöse Mischung zu verstehen, die auch von einzelnen Menschen zunächst keine eindeutige Selbstzuordnung verlangen musste. Erst in den gewaltsamen Auseinandersetzungen dieser jungen Bewegung kommt es zum Ideal des entschiedenen Glaubensbekenntnisses, das sich von anderen religiösen Überzeugungen nicht nur rituell, sondern explizit absetzt und in der Extremform des Martyriums enden kann.

Diese Entwicklungsphase ist für das Christentum bis hin zu seinen späteren konfessionellen Konflikten so bestimmend, dass eine entschiedene persönliche Nachfolge als Glaubensform und Lebensgestaltung zum dominanten Ideal avancieren konnte.[78] Die Würdigung der kulturellen Mischung, der offenen persönlichen Suchprozesse und des Zweifels hat es gegen dieses dominante Ideal schwer. Genau darin, in der Wertschätzung des Uneindeutigen, wäre eine Anschlussfähigkeit an die Religionspraxis spätmoderner Menschen möglich. Deren »hybride Religionskombinationen«, ihre Kreativität in der Kombination verschiedener konfessioneller Traditionen und die Prozesse der Loslösung des persönlichen Glaubens von der institutionellen Kirchenmitgliedschaft erscheinen als ausgeprägte Formen des Uneindeutigen. Vor dem Hintergrund der christlichen Tradition der religiösen Mischung muss diese Praxis jedoch nicht mit Ressentiments betrachtet und in einer Hermeneutik des Verfalls gedeutet werden. Das ermöglicht eine genauere Betrachtung der Menschen, die biblisch im Umfeld Jesu beschrieben werden und an denen sich markante Unterschiede gegenüber den manipulativ aufgeladenen Mustern der Entschiedenheit erkennen lassen:

Den Menschen, die sich auf Jesus einlassen, werden die Augen geöffnet, nicht verschlossen. Das kommt sogar explizit zum Ausdruck, etwa in der Schilderung des ersten Kapitels des Evangelisten Johannes. Im Gespräch mit Jesus wird dem skeptischen Nathanael versprochen: »Du wirst noch Größeres sehen!« (Joh 1,50). Weder wird seine Skepsis in der biblischen Überlieferung unterschlagen noch gibt es hier die Logik des »Augen zu und durch«. Das Größere zu sehen, lässt sich als Ausdruck eines Menschenbildes im Umfeld Jesu verstehen. Es beschreibt die Wirkung auf Menschen, die eben nicht einfach nur Mitläufer:innen sind und denen die Augen geschlossen werden, sondern denen die Augen mit dem Versprechen, Großes zu sehen, geöffnet werden. Die Jünger:innen in der Nachfolge Jesu ließen sich also als Menschen bestimmen, die mit offenen Augen durchs Leben gehen und wach nach den »Zeichen der Zeit« fragen. Sie werden, anders als Mitläufer:innen, nicht zur grauen und anonymen Masse, in der die Einzelnen mit ihrer Verantwortung einfach untergehen können.

Die geöffneten und geweiteten Sinne der Menschen in der Nachfolge Jesu werden bis heute in der Liturgie der Taufe angedeutet, wenn im Anschluss an die Taufe auf Ohren und Mund der Neugetauften verwiesen wird. Im sogenannten »Effata-Ritus« wird den Neugetauften zugesagt, dass auch ihre Ohren und ihr Mund geöffnet sein sollen, damit sie Gottes Wort vernehmen und den Glauben bekennen können. Sie sollen also mit geöffneten Sinnen das Wort Gottes, die Botschaft Jesu, wahrnehmen und weitergeben – »zum Heil der Menschen und zum Lobe Gottes«.

Christliche Verpflichtung: Mund aufmachen!

Damit kommt ein zweiter Aspekt der Nachfolge zum Ausdruck: Im christlichen Glauben gehören alle Menschen zu denen, die den Mund aufmachen sollen. In der Tradition der reformatorischen Kirchen drückt sich dies in der Formulierung des Allgemeinen Priestertums aus, in der katholischen Tradition wird es mit dem Gemeinsamen Priestertum aller Getauften beschrieben. Zunächst ist hier an die unterschiedlichen Formen der Glaubensweitergabe und des Glaubenszeugnisses zu denken, die sich natürlich nicht an eine kleine Gruppe von Ordinierten oder an theologische Spezialist:innen delegieren lassen. Wie bereits mit der Gabe der Charismen angedeutet, drückt sich hier eine maximale Pluralisierung religiöser Kommunikation im Christentum aus. Diese Pluralisierung ist immer auch in gewisser Hinsicht riskant, weil sie sich jedem Ansinnen zentralisierter Kontrolle entzieht. Wo alle an der Weitergabe des Glaubens, der Verkündigung und an der religiösen Kommunikation verantwortlich beteiligt sind, da lassen sich die Themen und Inhalte nicht einfach regulieren und steuern. Darüber hinaus ist hier nicht nur von einer Weitergabe geglaubter religiöser Überzeugungen auszugehen.

Was mit dieser Berufung aller zur Glaubensverkündigung gemeint ist, drückt am besten der Begriff der »Parrhesia« aus. Er ist auch unter Christ:innen relativ unbekannt, obwohl er in den biblischen Texten an mehreren Stellen vorkommt. Er ist der Vorstellung von bürgerlichen Rechten in der Antike entlehnt, die auch vorsahen, dass Bürger das Recht haben in der städtischen Versammlung aufzustehen und das Wort zu ergreifen. Die Parrhesia lässt sich daher vor allem als Recht zur vernehmbaren, kritischen und notfalls unbequemen Rede verstehen. Die frühchristliche Tradition überträgt diesen Begriff auf alle Getauften und spricht ihnen damit eine Art himmlisches Bürgerrecht zu (vgl. Eph 2,19). Was insbesondere in den griechischen Städten der Antike das Vorrecht der bessergestellten Bürger war, wird in der Nachfolge Jesu zum Recht aller – und zur Pflicht. Die besondere Freiheit der Getauften drückt sich in ihrem aufrechten Ansprechen von Missständen aus, wie dies von Eberhard Schockenhoff formuliert worden ist:

»Danach ist es gerade das unbedingte Vertrauen in Gott, die Zuversicht und unerschütterliche Freude des Glaubens, die zu einer souveränen Redefreiheit gegenüber den Menschen befähigt, die sich durch keine Art von Zwang oder Gewaltandrohung beeindrucken lässt.«[79]

Es liegt auf der Hand, dass ein derart freiheitliches Selbstbewusstsein und das entsprechende Menschenbild anspruchsvoll und herausfordernd sind. Das gilt auch für alle Formen der Leitung. Denn damit wird Widerspruch nicht zur Ausnahme, sondern zum Regelfall und direkte Konsequenz des christlichen Glaubens. Die unbequeme Frage lautet also, inwieweit es gelingt, das kirchliche Leben als ein günstiges Umfeld für eine »Parrhesia-Praxis«[80] zu gestalten. Dem steht im kirchlichen Raum eine hierarchische Kultur der Überreglementierung, maßloser Kontrolle und lehramtlicher Eingriffe in wissenschaftlich-theologische Diskurse entgegen. In gesellschaftlichen Öffentlichkeiten werden die Elemente einer Parrhesia-Praxis gegenwärtig vor allem durch die inflationäre Behauptung bedroht, man dürfe nicht alles sagen. Diese schon im Moment der Behauptung selbst widerlegte Paradoxie ist Bestandteil populistischer Kommunikationsmuster.

Im 20. Jahrhundert hat insbesondere der Philosoph Michel Foucault die Tradition der Parrhesia in seinen philosophischen Vorlesungen aufgegriffen und im Einstehen der eigenen Person das zentrale Risiko dieser Praxis identifiziert: Wer öffentlich spricht und damit Position bezieht, macht sich angreifbar. Zugleich ist eine parrhesiastische Kultur für die Herrschenden (wie auch die kirchliche Leitung) riskant, begründet sie doch eine Dynamik innerhalb einer Institution, die sich den Strukturen der Hierarchie entzieht und neben der Autorität des Amtes die Autorität »durch geistliche Autoritäten«[81] platziert. Damit ist mit der Tradition der Parrhesie im Zentrum des christlichen Selbstverständnisses und der christlichen Glaubenskommunikation ein Element der »Widerstandskultur« verbunden. Mit ihr wird allen Christ:innen kontinuierlich in Erinnerung gerufen, dass christlicher Glaube nicht einfach in den gegenwartskulturellen Entwicklungen, den bürgerlich etablierten Vorstellungen vom gelingenden Leben oder den als selbstverständlich angenommenen, hegemonialen Mechanismen marktförmigen Denkens aufgehen kann. Dass es über weite Phasen christlicher und kirchlicher Geschichte zu einer Spiritualisierung der Parrhesie kam, dass sie also primär oder sogar ausschließlich als protestierende Klage gegenüber Gott verstanden wurde, muss vor diesem Hintergrund als eklatante Domestizierung christlicher Nachfolge und Deformation der religiösen Kommunikation eingeordnet werden.

5. Das unterschätzte Potenzial der eigenen Vielfalt

Zu den großen theologischen und kirchlichen Errungenschaften des 20. Jahrhunderts zählt die veränderte Verhältnisbestimmung der katholischen Kirche zu anderen Konfessionen und Religionen. Mit der konziliaren Verhältnisbestimmung der römisch-katholischen Kirche zu den anderen Religionen, insbesondere mit der Erklärung Nostra aetate, wurde die Wiederentdeckung und Würdigung einer Tradition interreligiöser Gespräche möglich. Diese wichtige Tradition – neben den unzähligen Beispielen von Intoleranz und Gewalt durch Christ:innen – gilt gerade in den traditionalistischen Strömungen der Kirche, die darin die Aufgabe eines (statisch verstandenen) Wahrheitsanspruches fürchten, als Problem. Mit der Aufnahme der interreligiösen Dialoge in das kirchliche Selbstverständnis wird jedoch in säkularen und multireligiös geprägten Gesellschaften eine entscheidende Anschlussfähigkeit möglich. Mit den verschiedenen Formen lehramtlicher, kirchlich-praktischer und wissenschaftlich-theologischer Dialogen geht die Chance einher, die eigenen binnenkirchlichen Diversitäten wahrzunehmen und zu würdigen: Wo in der Begegnung mit dem Fremden eine Haltung der Dialogizität geübt wird, entstehen prägende Effekte für die Würdigung der Pluralität eigener Traditionen. Dass katholische Theologie und Kirche nicht monolithisch zu verstehen sind und sich vielmehr durch große Bandbreiten und vielfältige Facetten auszeichnen, dürfte bei einer großen kirchlichen Gemeinschaft, die sich in verschiedenen Kulturen konkretisiert, kaum überraschen. Und doch galt bis zum Ende des 20. Jahrhunderts die sichtbare Einheit (etwa als Zielmarke ökumenischer Gespräche) bis zur Einheitlichkeit als so dominantes Ideal, dass darunter alle bestehenden Differenzen, Meinungen und Konflikte verdeckt wurden. Vor diesem Hintergrund sind interreligiöse und ökumenische Dialoge immer auch als Risiko zu bestimmen, weil Dialoge immer alle Beteiligten prägen und verändern und – auch wenn diese Dialoge in oftmals schmerzhaften Wellenbewegungen und mit zeitweisen Rückschritten verlaufen – eine lediglich auf Selbststabilisierung ausgerichtete Kirchlichkeit heilsam destabilisieren. Zwar gibt es durch die Kirchengeschichte hindurch immer wieder Reformbewegungen und Abspaltungen, doch werden letztere als eine Form der Vereinheitlichung praktiziert. Auch in gegenwärtigen kirchlichen Debatten ist direkt oder versteckt der Hinweis in manchen Kreisen populär, man könne ja zu einer anderen Konfession konvertieren. Es sind unredliche Versuche, kirchliche Strategien der Vereindeutigung zu praktizieren, die auf der Unwissenheit pluraler Traditionen aufbauen. So heißt es in dem 2024 veröffentlichten Lehrschreiben »Dignitatis infinita« zur Bedeutung der Menschenwürde: »Seit Beginn ihrer Sendung hat sich die Kirche, geleitet vom Evangelium, darum bemüht, die Freiheit zu bekräftigen und die Rechte aller Menschen zu fördern.« So wünschenswert ein derart ungebrochen verlaufender Geschichtsverlauf, wie er hier lehramtlich skizziert wird, vielleicht erscheinen mag, so muss die Behauptung schon vor dem Hintergrund der Gewalt- und Missbrauchserfahrungen im Raum der Kirche irritieren. Die Behauptung erscheint eher als Wunsch oder als einer Form der kirchlichen Selbstaufwertung, bestenfalls lässt sie sich wohl als Selbstverpflichtung deuten.

Diese Strategien behaupteter Einheitlichkeit und Kontinuität streben eine Binnenstabilität an, die es so natürlich nur als konstruiertes Wunschdenken geben kann. Wo kirchliche Akteur:innen im Bemühen um die Binnenstabilisierung der Kirche kommunikativ auf Abtrennungen und Schismata hinarbeiten, da avancieren Verurteilungen (»Anathema«) und Exkommunikationen zu einer gängigen Praxis. Sie prägen das kirchlich-lehramtliche Selbstverständnis der Konzilien über 1500 Jahre und stellen eine effektive Form der Homogenisierung dar. Als bloße Grenzverschiebung zwischen Drinnen und Draußen ersparen sie die langwierigen und kräftezehrenden Gesprächsprozesse, die sonst erforderlich wären, um die verschiedenen Positionen und theologischen Einschätzungen als gegenseitige Bereicherung wahrnehmen zu können. Dabei konnte auf kommunikative Mechanismen zurückgegriffen werden, die bereits in abgrenzenden Formen der Verhältnisbestimmung zu anderen Religionen etabliert waren und in den extremen Formen des Heilsexklusivismus binnenkirchlich bis weit in die Moderne hinein Plausibilität erzeugten. Die Vorstellung, Menschen könnten nur innerhalb der römisch-katholischen Kirche das Heil der eigenen Seele erlangen (»extra ecclesiam nulla salus«) verband sich notwendig mit einem von Missachtung und Ressentiment geprägten Blick auf andere Religionen und Weltanschauungen.

Da jedoch mit dem 20. Jahrhundert eine besondere Phase von Globalisierung und interkulturellem Austausch für breite Bevölkerungsschichten dazu führte, dass derartige scharfe Abgrenzungen immer weniger plausibel erscheinen konnten, wurde eine Neubestimmung des Verhältnisses zu den anderen Religionen unumgänglich. Hier wird deutlich, dass der Blick in die Bestände der kirchlichen Traditionen weit mehr Flexibilität ermöglicht, als es traditionalistischen Vertreter:innen in der Regel lieb ist. Sichtbar wird in dem Prozess, dass ein verändertes und weiterentwickeltes Bemühen um interreligiöse Dialoge zu einer gesteigerten Wahrnehmung der eigenen, binnenkirchlichen Pluralität führt. Für die Institution der Kirche bedeutet das Einlassen auf den Dialog mit Andersdenkenden und -glaubenden, dass sie einerseits davon selbst verändert wird und andererseits sich selbst besser und diverser wahrzunehmen lernt. Interreligiöse Dialoge zwischen den Religionen und ökumenische Dialoge zwischen den christlichen Kirchen verändern immer das eigene Selbstverständnis, weiten eigene Wahrnehmungen und kultivieren das Bewusstsein für die Notwendigkeit eigener Lernprozesse. Wer lernt, gesteht sich dabei automatisch die Unabgeschlossenheit der eigenen Identität ein und öffnet sich für überraschende Entdeckungen. Sie ereignen sich aber nicht nur in den fremden Welten der Gesprächspartner:innen und deren Erfahrungen, Traditionen und Perspektiven. Sie ereignen sich auch in den Wahrnehmungen der eigenen Traditions-, Theologie- und Kulturbestände. Denn was vielleicht vorschnell als »die« kirchliche Tradition angenommen wird, spiegelt meist nur ein schmales Segment der Theologie- und Kirchengeschichte und blendet dabei andere Epochen und Ansätze aus. Das führt in den traditionalistischen Flügeln der katholischen Kirche zu der Situation, dass sich die entscheidenden Bezugspunkte ihrer Legitimationen vor allem in den kirchlichen und theologischen Mustern des 19. Jahrhunderts finden und dabei widersprüchlich mit modernen Elementen gegen die Moderne kämpfen. In politischen Debatten müssen die Vertreter:innen einer deutschen, nationalstaatlichen Identität die eigene Migrationsgeschichte des 18. und 19. Jahrhunderts und die fehlende nationalstaatliche Geschichte eines einheitlichen Deutschlands ignorieren und negieren. Sonst stoßen sie unweigerlich auf Widersprüche der eigenen Position. Ähnlich beziehen sich auch katholische Fundamentalismen auf relativ kleine historische Phasen und blenden die eigenen Freiheitsgewinne durch Prozesse der Aufklärung und Demokratisierung aus. Diese theologischen Muster des 19. Jahrhunderts enthalten paradoxe Facetten, wie die Integration ausgesprochen moderner Elemente der effektiven Kirchenverwaltung und der Medienarbeit. Sie sind aber durch die Erfahrungen des Kirchenkampfes, durch das Erstarken demokratischer Bewegungen und durch konfessionalistische Abgrenzungen in Folge der Reformation und ihrer Beantwortung durch das Konzil von Trient und deren Auswirkungen im 19. Jahrhundert vor allem durch zwei Elemente geprägt: Abgrenzung nach Außen durch dessen Abwertung sowie Vereinheitlichung nach Innen als Form der Binnenstabilisierung. Das Ergebnis ist eine kirchliche Situation, in der es zu zentralistischen Ausrichtungen mit geschwächter Eigenständigkeit der Ortskirchen und zu ausgeprägten Ressentiments gegenüber den Errungenschaften der sich bildenden Demokratien, der Menschenrechtsideen und der Forderung nach partizipativen und demokratischen Strukturen kommt.

Bis in die kirchlichen Debatten der Gegenwart finden sich diese abgrenzenden und abwertenden Ansätze: Wenn in päpstlichen und bischöflichen Stellungnahmen und in neuen geistlichen Gemeinschaften immer wieder vom angeblichen Relativismus westlicher Gesellschaften und ihrem Werteverfall gewarnt wird, während parallel die schlimmsten Phänomene des klerikalen Machtmissbrauchs und seiner Vertuschung stattfinden. Oder wenn in der Suche nach geeigneten synodalen Formen mit Geringachtung vor demokratischen Strukturen in der katholischen Kirche gewarnt wird, obwohl deren Standards in Transparenz, Kontrolle von Machtpositionen und Partizipation in der katholischen Kirchenstruktur nicht annähernd erreicht werden. Es sind nur zwei Beispiel für eine kirchliche Tradition der Abgrenzung durch Abwertung. Sie zeugen von geringer Lernbereitschaft und von dem Bemühen, diese Kirche durch eine Kontrastidentität von der Gegenwartsgesellschaft zu entfernen. Es ist ein Bemühen der schrittweisen Entsolidarisierung einer Kleingruppe.

Für deren Vereinheitlichung als Instrument der Binnenstabilisierung ist es wichtig, dass mit den Instrumenten des Katechismus und des Kirchenrechts zwei Autoritäten Dominanz erlangen, die als normative Größen an die Seite biblischer Texte rücken und deren Autorität sogar in den Schatten stellen können. Diese Verschiebung ist plausibel, wenn man sich bewusst macht, dass eine Homogenisierung des kirchlichen Binnenbereichs mithilfe biblischer Texte kaum zu erlangen wäre.

Wenn alle Menschen in den Blick kommen

Biblische Texte werden für die Strategien der Vereinheitlichung immer wieder in Dienst genommen, obwohl sie eigentlich eine große Vielfalt von Genres, Inhalten und religiösen Erfahrungen von Menschen abbilden. So besteht die Bibel auch aus einer Vielfalt unterschiedlicher Theologien und ist gerade keine homogenisierende Erzählung.[82] Soll sie als Autorität in den Mechanismus der Stabilisierung durch Homogenisierung einbezogen werden, braucht es die Überführung in einheitliche Muster. Diese liegen im 19. Jahrhundert mit den Jesusdarstellungen vor, in denen die vielfältigen Überlieferungen der verschiedenen Evangelien vereinheitlich werden. Sie erleben in den konfessionalistischen und ultramontanen Entwicklungen eine große Beliebtheit unter der katholischen Bevölkerung. Angesichts dieser Tendenzen, die als Abschottung und gesellschaftlicher Rückzug in das katholisch-konfessionelle Milieu bestimmt werden können, treten jene Traditionen in den Hintergrund, in denen interreligiöse und ökumenische Dialoge möglich waren. Es wird als eindeutig und homogen suggeriert, was als römisch-katholisch gilt.

Deshalb ist es so bedeutsam, dass mit dem Zweiten Vatikanum und der »Pastoralität«[83] des Konzils eine dialogische Struktur wiedergewonnen werden konnte. Sie findet sich in dem Gesellschaftsbezug, der sich im kontinuierlichen Fragen nach den »Zeichen der Zeit« und der grundlegenden Solidarität mit der Gegenwartsgesellschaft ausdrückt. Kirche und Gesellschaft werden damit nicht mehr als kontrastierende Antipoden bestimmt. So ergibt sich eine veränderte Verhältnisbestimmung zu anderen Religionen und Weltanschauungen, die nicht mehr mittels des kirchlichen Heilsexklusivismus verurteilt werden müssen, sondern in vorsichtigen Schritten gewürdigt werden können. Im Hintergrund der interreligiösen Dialoge steht dabei die Beschäftigung mit Ansätzen des Universalismus, also wie die Frage, wie das Heil aller Menschen angesichts variierender Religionen gedacht werden kann. In der Epoche der Aufklärung waren Ansätze wie die Ringparabel von Gotthold Ephraim Lessing in »Nathan der Weise« entstanden. Sie ordnen die unterschiedlichen Religionen in ein Gesamtbild ein und nehmen einen Fixpunkt als überreligiöse Autorität ein. Derartige universalistische Ansätze werden außerhalb der Religionstraditionen verankert. Dieses Konzept findet sich aktuell auch bei dem israelischen Philosophen Omri Boehm.[84] Er greift dazu zwar auf die biblisch-alttestamentliche Erzählung der Opferung Isaaks durch seinen Vater Abraham zurück (Gen 22). Die Bezeichnung der Erzählung als »Bindung Isaaks« ist dabei korrekter, da es zu einer Opferung des Sohnes auf göttliche Anweisung letztlich nicht kommt. Allein die Bereitschaft Abrahams, seinen Sohn auf göttliche Weisung hin auf dem errichteten Altar zu opfern, versinnbildlicht das erhebliche Gewaltpotenzial aller Religionen. Wer aufgrund eines echten oder vermeintlichen göttlichen Befehls hin, sein Kind zu opfern bereit ist, dürfte zu allem bereit sein. Da findet es sich wieder: das Ideal größtmöglicher Entschiedenheit. Es ist jene Logik, die auch den vielen religiös motivierten Terrorakten zugrunde liegt. Mit einem – vermeintlich – göttlichen Befehl lässt sich bekanntlich alles legitimieren. Es ist eine willkürliche Legitimationsstruktur. Dass es bei Abraham und dessen Sohn Isaak nicht zum letzten Akt der Gewalttat kommt, dient dem Philosophen Omri Boehm dazu, eine Autorität der Vernunft und eines vernunftbegründeten Ethos anzunehmen, die über der Religion und dem kaum anzufragenden Gottesbefehl verortet sind. Was sympathisch klingt und der philosophischen Tradition der Aufklärung entspricht, scheint doch von dem Klischee dominiert zu sein, wonach die Religionen ihrem eigenen Gewaltpotenzial keinen eigenen, immanenten Schutzmechanismus entgegenzusetzen hätten. Zu dieser Annahme kann man aber nur gelangen, wenn die parallele biblische Tradition einer positiven Würdigung der Uneindeutigkeit und damit verbundener Deeskalation übersehen wird. Mit dem Namen der französischen Philosophin Simone Weil[85] sei auf eine Vertreterin verwiesen, die einen religionsimmanenten Universalismus des Christentums entwickelt. Dabei ist die Annahme grundlegend, dass innerhalb der jeweiligen Religion und ihrer Traditionsbestände jene Elemente zu finden sind, die es möglich machen, das Heil aller Menschen zu denken, ohne dabei mit den Wahrheitsansprüchen zu kollidieren.

Diese Einordnungen erfolgen in einem gesellschaftlichen Kontext, der nicht nur im Sinne von Charles Taylor und in jüngerer Zeit von Detlef Pollack als säkular zu bestimmen ist. Dieser Kontext ist darüber hinaus eben auch plural, so dass nicht nur unterschiedliche Welt- und Lebensdeutungen nebeneinander bestehen und in einen Modus der Optionalität eintreten. Diese Lebensdeutungen und Weltanschauungen unterliegen einer Tendenz zur Hybridität, in der Menschen die verschiedenen religiösen und weltanschaulichen Ansätze in kreativen Prozessen individuell miteinander kombinieren.[86]

Angesichts dieser Unübersichtlichkeit ist es verständlich, wenn Menschen sich nach eindeutigen Strukturen sehnen. Diese Sehnsucht ist auf allen Ebenen des gesellschaftlichen Lebens Bestandteil der Spätmoderne. Und sie erklärt die Popularität all jener, die eindeutige und klare Weltbilder anzubieten versuchen. Sie finden sich in den genannten populistischen Politikangeboten ebenso wie in den kirchlich-pastoralen Konzepten, die mit Verve leicht verständliche und in sich plausible Antworten in religiösen Fragen geben wollen. Wer allerdings jene Eindeutigkeit zu liefern versucht, die in den Erfahrungen der Unübersichtlichkeit ersehnt wird, endet in einem Selbstwiderspruch. Der Versuch, die Eindeutigkeit herzustellen, wird die eigenen Grundlagen beschädigen und demontieren. Gibt es eine Alternative zum verführerischen Gift der Vereindeutigung?

Weihnachtsbäume und mineralische Energien

Es scheint ein verzweifelter Kampf untergehender Autoritäten zu sein: Menschen der Spätmoderne entwickeln eine kulturelle Praxis, die sich an allen möglichen Vorlieben und Gewohnheiten orientiert, nur nicht an kirchlichen und theologischen Idealvorstellungen der Lebensgestaltung. Der hochgeschätzte Direktor der Berlin-Brandenburgischen Akademie der Wissenschaften und Theologe Christoph Markschies hat diesen Kampf wenige Tage vor dem Weihnachtsfest 2023 noch einmal aufgenommen.

Er hat verfügt, dass in den Räumen der Akademie während der Adventszeit noch kein Weihnachtsbaum aufgestellt werden darf, und erklärte Mitarbeiter:innen und Interessierten in einer Videobotschaft vor einem Adventskranz, dass die Weihnachtszeit eben erst mit dem Weihnachtsfest beginne.[87] Demnach sei es logisch, dass im Advent ein Adventskranz aufgestellt wird und der Christbaum erst zur Weihnachtszeit. Und die beginne eben erst mit dem Weihnachtsfest. Das Bemühen wirkt auf mich redlich, aber auch etwas verzweifelt und ohne jegliche Aussicht auf große Erfolge. Denn es wird wohl zu konstatieren sein, dass eine zunehmende Zahl von Mitmenschen eben doch schon ab September Freude am Weihnachtsgebäck hat und bereits an den Weihnachtsfeiertagen den Weihnachtsbaum entsorgt, weil für sie die Weihnachtszeit vorbei ist und die Silvester-Dekoration ansteht. Wenn also die längst vertrockneten Weihnachtsbäume an Weihnachten entsorgt werden, mag man aus bildungsbürgerlicher und kirchlicher Perspektive die Nase rümpfen. Das Verschieben der Deutungshoheit über christlich-kulturelle Elemente und der damit verbundene Machtverlust wird aber wohl auszuhalten sein. Der Theologe Christoph Markschies hält mit einem engagierten Plädoyer für wissenschaftliche und damit auch kirchlich-kulturelle Präzision im Umgang mit den geprägten Zeiten des Jahres und mit Rückgriff auf Geistesgrößen wie Alexander von Humboldt gegen das Durcheinander des Gefühligen. Lohnt sich ein solches Kämpfen? Es sind kleine Phänomene kultureller Wandlungsprozesse, von denen die meisten wohl am besten mit humorvoller Gelassenheit zu begleiten sind. Der Weihnachtsbaum vermag in der Adventszeit die Gemüter zu erhitzen: Denn parallel zum Kampf gegen den Weihnachtsbaum zur falschen Zeit mussten sich in einem anderen Teil Deutschlands ausgerechnet die Erzieher:innen einer Kindertagestätte dafür rechtfertigen, dass sie in ihrer Einrichtung keinen Baum aufgestellt haben, während ein allzu lauter Politiker im Bemühen um eine vermeintliche Leitkultur den Weihnachtsbaum gleich zum deutschen Kulturgut an sich erhebt – und ihn damit vollends von seiner christlichen Botschaft loslöst. Selten waren Weihnachtsbäume wohl dermaßen ein Feld kultureller Auseinandersetzungen. Dabei gerät aus dem Blick, dass sie wohl erst durch einen Prozess der Inkulturation »christianisiert« wurden und damit ein Beispiel für jene Volksfrömmigkeit sind, die sich den Reglementierungen von Autoritäten zu entziehen weiß. Damit hat die religiöse und kulturelle Praxis der Menschen zu allen Zeiten einen bemerkenswert subversiven Charakter. In dieser – für einige schwer erträglichen – Unordnung drückt sich wohl eine wilde Mischung aus kulturgeschichtlicher Unwissenheit, gesellschaftlichen Moden, individuellem Geschmack und persönlicher Unabhängigkeit aus. Das Ergebnis solcher Mischungen ist das Gegenteil jeglichen Bemühens um Präzision und Eindeutigkeit. Sich an ihnen freuen und sie mit Gelassenheit begleiten zu können, dürfte eine der wichtigsten Kompetenzen in spätmodernen Gesellschaften sein. Denn sie sind immer auch das Umfeld für kreative Entdeckungen. Präzision ist für den Umgang mit Religionspraxis selten ein geeignetes Kriterium. Stattdessen gilt alternativ: Gelassenheit ist ein wichtiger Bestandteil einer Risikokultur, die nicht auf Kontrolle, sondern auf Vertrauen ausgerichtet ist.

Eine grundlegende Verschiebung ergibt sich in spätmodernen Kulturen in der Struktur der entstehenden Mischungen. Denn sie sind weniger durch rationale Argumente bestimmt, als durch Empfindungen, Gefühle, also ästhetische Codes. Die Aussage »Ich mache das so, weil es sich für mich besser anfühlt!« wird in diesem Umfeld zur unhinterfragbaren Letztbegründung

Ihr gegenüber erscheint jedes Argument und jede wissenschaftliche Studie chancenlos. Markschies mag engagiert für den Adventskranz im Advent kämpfen. Eine Aussicht, mit derartigen Anliegen Einfluss auf gegenwartskulturelle Entwicklungen nehmen zu können, gibt es dabei wohl nicht.

Weil es sich gut anfühlt

Ich erinnere mich, dass ich vor vielen Jahren bei einer befreundeten Familie zu Gast war. Beide Elternteile waren Theolog:innen und ganz nebenbei wurde mir zum Essen etwas Wasser aus der Karaffe angeboten. Das bürgerliche Rundum-Paket wurde mit dem Hinweis ergänzt, dass das Trinkwasser mittels Mineralien in der Karaffe energetisch aufgeladen sei. Ich musste lachen. Was? Ich begann, mich über die angeblich gesundheitsfördernden Steine im Wasser lustig zu machen. Kommt da nicht durch die Hintertür ein Aberglaube in die Alltagswelt hinein, der mithilfe einer rationalen und vernunftorientierten Theologie vorne aus dem kirchlichen Leben ausgetrieben wird? Ich war versucht, mein argumentatives Instrumentarium gegen Globuli und Homöopathie, Anthroposophie, Aberglaube und Esoterik am Familientisch auszubreiten. Es war der Einzug von esoterisch-irrationalen Vorstellungen in ein bürgerliches Familienleben, dem ich noch kurz zuvor eine rationale Reflektiertheit unterstellt hätte. Dementsprechend entwaffnend war die begleitende Erklärung: »Wieso? Ist doch schön. Und schadet sicher nicht.« Das stimmt vermutlich. Ich beschränkte mich auf ein paar bissige Kommentare und sah ein, dass hier argumentativ und rational nichts zu gewinnen sein würde. Die »energetisch aufgeladenen« Steine im Wasserkrug repräsentieren eine religionsförmige Alltagspraxis, die in früheren Zeiten als Volksfrömmigkeit schrittweise in die Formen von Heiligenverehrung oder das Brauchtum der Marienfeste übernommen worden wäre. In dieser Aufnahme und Inkulturation liegt eine der vielleicht größten Leistungen insbesondere der katholischen Traditionen des Christentums: Es kann auf Präzision in der Abgrenzung verzichten, kreativ die sich verändernde Lebens- und Glaubenspraxis aufgreifen und mit wenigen Leitplanken in sich aufnehmen. Die gefährlichen Potenziale dieser religionsförmigen Alltagspraktiken – mit den manipulativen Instrumentalisierungen des Gefühligen lassen sich letztlich ganze Kriege anzetteln – werden durch ihre Inkulturation domestiziert. Es wäre deshalb vermessen, die daraus entstehenden kirchlichen Traditionen der Volksfrömmigkeit lediglich mit akademischer Arroganz zu betrachten und sie als peinliche Reste einer vormodernen und unaufgeklärten Form des Religiösen zu desavouieren.

Wo auf Präzision in der Logik des Vertrauten gepocht wird, verdunstet diese großartige Kompetenz der Inkulturation. Sie trägt immer das eklatante Risiko in sich, dass ihr der Einbruch des Uneindeutigen vorgeworfen werden kann. Solch eine Religionspraxis riskiert immer, sich lächerlich zu machen. So hat sich das Christentum die bestehenden Bräuche des antiken römischen Kalenders eingehandelt und in den katholischen und hochkirchlich evangelischen Liturgien werden Gewänder des politischen Systems der Antike gepflegt. Bereits etablierte Bräuche werden im Verlauf der Zeit ebenso integriert wie die Opferstätten anderer Religionen in Wallfahrtsorte mit christlichen Kirchen aufgehen. Wer sich um die Reinheit des christlichen Glaubens verdient machen will und die Energie für Bilderstürme mitbringt, findet allemal ausreichend Material, um sich daran abzuarbeiten. Die Fülle von vermeintlich heidnischen Resten in der kirchlichen Praxis ist atemberaubend. Und nur wer sie lieben lernt, wird auf die Hybriditäten spätmoderner Identitätskonstruktionen ohne Ressentiments schauen können. Denn diese sind längst in jene multiplen und hybriden Formen der Religions- und Kirchenzugehörigkeit übergegangen, die mit einem »Belonging without Believing« und seinem Pendant, dem »Believing without Beloning« noch sehr schematisch und dichotom beschrieben werden. Sie setzen sich fort in den verschiedenen biografischen Phasen, die durch variierende Intensität religiöser Praxis und Überzeugung hindurch changieren.

So wurde 2023 mit der 6. Kirchenmitgliedschaftsuntersuchung[88] in Deutschland (KMU_6) sichtbar, dass es einen erheblichen Anteil von Kirchenmitgliedern gibt, die zwar an ausgewählten Elementen des kirchlichen Lebens teilnehmen, aber sich selbst dennoch als säkular und agnostisch verstehen. Mit der Mitgliedschaft in einer christlichen Kirche ist offensichtlich keine exakte Gottesvorstellung im Sinne eines personalen Gottesverständnisses ausgedrückt. Kämpferische Atheist:innen können solche Beobachtungen als Anlass dafür verwenden, die gesellschaftliche Stellung der großen Kirchen und ihre Sonderrechte anzufragen. In der Logik der bekenntnisorientierten Präzision wären nicht mal die schwindenden Zahlen der Kirchenmitglieder ein ausreichendes Indiz für die tatsächliche Größe der Kirche. In diesem Mechanismus des Entlarvens reichen sich kämpferische Atheist:innen mit den religiösen Fundamentalist:innen freundschaftlich die Hand und verweisen darauf, dass es doch nur eine kleine Gruppe »richtiger« Christ:innen gebe. Ihr Problem liegt darin, dass außerhalb der präzisen Grenzziehungen keine Eindeutigkeiten entstehen. Denn selbst nach dem Kirchenaustritt verstehen sich viele Menschen in verschiedenen Formen weiterhin als Christ:innen. Und jene, die an einem Tag mit Inbrunst und Überzeugung eine atheistische Position vertreten, können am nächsten Tag beim Betrachten eines religiösen Motivs im Museum oder beim touristischen Gang durch eine Kathedrale eine Ehrfurcht erleben, die ihnen vielleicht selbst ein bisschen peinlich ist. Eine Bestimmung des »außerreligiösen« Bereiches ist ebenso wenig präzise möglich, weil sich auch hier eine Fülle von religiösen und religionsförmigen Elementen in den Lebensvollzügen von Menschen findet. So kann es nicht verwundern, dass trotz der vielfach beobachteten Säkularisierungs- und Entkirchlichungsprozesse von einer Zunahme explizit atheistischer Positionen keine Rede sein kann. Stattdessen ist der Agnostizismus, jener Verzicht auf sichere (Un-) Glaubensaussagen, das weltanschaulich plausible Programm über frühere Grenzziehungen hinweg. Als dominante Form des religiösen Selbstverständnisses etabliert sich auch unter Christ:innen die »Quest-Religiosität«. Der Begriff entstammt religionspsychologischen Bestimmungen einer Form des Glaubens als eines kontinuierlichen Such- und Wachstumsprozesses, für deren Unabgeschlossenheit gerade Unsicherheit und Zweifel[89] konstitutiv sind: »Die fragende Religiosität ist eine offene Geisteshaltung, in welcher man sich aufrichtig mit der Komplexität existentieller Fragen beschäftigt, ohne aber eine definitive Antwort zu erlangen.«[90]

Das glasklare Bekenntnis des christlichen Glaubens ist hingegen der religionspraktische Ausdruck jenes Bemühens um Präzision und Eindeutigkeit, das dem christlichen Glauben selbst auch wegen seiner kulturellen Durchmischung eher fremd ist. Wo das Christentum und seine kirchlichen Ausdrucksformen immer wieder zu einer Praxis des Uneindeutigen gefunden haben, ist dies als zentrales Element seiner Integrationsfähigkeit zu würdigen.

Geradezu eine Unart der Präzision, mit der die verschiedenen religiösen und atheistischen, gläubigen und zweifelnden Mischungsverhältnisse geklärt und in Eindeutigkeit überführt werden sollen, findet sich auch dort, wo im kirchlichen Kontext von »richtigen«, »überzeugten« oder »praktizierenden« Gläubigen gesprochen wird. Es ist der umgangssprachliche Versuch einer Klassifizierung. Sie ermöglicht es, mit einem abschätzigen Blick auf jene wenig verlässlichen Glaubensgeschwister zu schauen, die mit ihren individuellen Mischungsverhältnissen auch die letzten Minimalstandards einer verbindlich vorgegebenen und doch meist ignorierten Vorgabe unterwandern. Es sind Formulierungen, die sich leicht als Strategie entlarven lassen, mit der eine Selbstaufwertung auf Kosten anderer Menschen vorgenommen und die inkulturierende Weite des christlichen Glaubens beschädigt wird. Es gehört zur Tragik der katholischen Kirche, dass in der Zeit der Pontifikate P. Johannes Paul II. und P. Benedikt XVI. diese aus dem Verzicht auf präzise Grenzziehungen entstehende Weite eingeschränkt wurde, indem etwa das Mittel der Lehrverfahren maßlos als Instrument der Disziplinierung eingesetzt wurde. Das ist deshalb tragisch, weil es nicht zuletzt die Erosion der lehramtlichen Autorität befördert, die dadurch in die Rolle einer Behörde mit der Aura der Verwaltungsvorgänge und Sachbearbeitungen abrutscht. Die drakonische Kälte solcher Sachbearbeitungen lässt sich aber schwerlich mit der Weite der jesuanischen Reich-Gottes-Botschaft oder der spielerisch-theatralischen Gestalt liturgischer Ausdrucksformen des Glaubens kombinieren.

Große Märtyrer:innen der Kirchengeschichte, die mit ihren Bekenntnissen und ihrer Entschiedenheit einen wichtigen Bestandteil der kirchlichen Spiritualitätsgeschichte bilden, repräsentieren die menschliche Sehnsucht nach dem eindeutigen

Glaubenszeugnis. Sie haben in der katholischen Tradition eine so exponierte Stellung, weil sie als Projektionsfläche dieser Sehnsucht gelten können, ohne die eigenen Kompromisse und Uneindeutigkeiten der Menschen damit ins Wanken zu bringen.

Das Volk Gottes ist nicht unter sich.

Nicht nur der Blick in die Kirchengeschichte, auch die Rückbindung an biblische Grundlagen rückt verstörende Elemente der genannten Weite und Uneindeutigkeit in den Blick. So sei nur darauf verwiesen, dass selbst in der alttestamentlichen Überlieferung des Volkes Israel und seines Exodus aus der Sklaverei Ägyptens eine interessante Unbestimmtheit der Israeliten als Gottesvolk überliefert wird: *Nun brachen die Söhne Israels auf und zogen von Ramses nach Sukkot, etwa 600.000 Mann zu Fuß, die Männer ohne die Kinder. Es zog aber auch viel Mischvolk mit ihnen hinauf, dazu Schafe, Rinder und sehr viel Vieh. (Exodus 12,37–38)*.

Das Volk Gottes wird in der hier wenig gendersensiblen Überlieferung als bunt gemischter Haufen dargestellt. Die Menschen, die in etwas ungünstiger Übersetzung als »Mischvolk« umschrieben sind, werden manchmal auch als »Fremde« tituliert, um einen theologischen Verweis auf die Fremdheit Gottes zu ermöglichen. Die Übersetzung der »Bibel in gerechter Sprache« formuliert es etwas vorsichtiger: »Viele andere Menschen zogen mit fort.« (Ex 12,38). In dieser Verbindung begründet sich eine ganze Fremdenethik biblischer Traditionen. Eine einfache und schöne Umschreibung hat der Theologe Jochen Flebbe für den Zustand des Volkes Israel gefunden, wenn er formuliert: »von Beginn an war das Volk Israel nicht unter sich.«[91] Nicht unter sich zu sein und dies sogar im Traditionsbestand der eigenen, religiösen Überlieferung biblischer Texte offen und dauerhaft zu kommunizieren, signalisiert den Verzicht auf Homogenitäts- und Eindeutigkeitsfiktionen. Dieses Volk Gottes hat selbst im Rückgriff auf die eigene Migrationsgeschichte Mechanismen einer Weite gefunden, die es vor der Versuchung ethnischer Homogenisierung bewahrt.

Insofern die katholische Kirche im 20. Jahrhundert mit den theologischen Ausrichtungen des Zweiten Vatikanischen Konzils die eigene Identität in die Tradition des Volkes Gottes rückt, erfolgt eine markante Selbstverpflichtung zu eben dieser Weite.

Kirchliche Praxis, die lebensdienlich zu sein hat

Eine neutestamentliche Erzählung mag diese Weite veranschaulichen: Die Apostelgeschichte, die als zweites Werk des Evangelisten Lukas gilt und viele Ansätze der Gemeindebildung der ersten nachchristlichen Jahrzehnte abbildet, berichtet von den ersten missionarischen Tätigkeiten der Apostel. Vom Apostel Philippus wird im 8. Kapitel der Apostelgeschichte erzählt, dass er zwischen Jerusalem und der Mittelmeerküste einem Mann aus Äthiopien begegnet. Es handelt sich um einen hohen Beamten, der aus dem afrikanischen Land nach Jerusalem gekommen war. Aufgrund seiner Position und als Eunuch (Apg 8,20) dürfte er am Jerusalemer Tempel heftige Ablehnung erfahren haben. Philippus steigt zu ihm in den Wagen und begleitet ihn. Dabei kommt es zum Gespräch über den Glauben. Nun ist der Fremde an sich schon eine bemerkenswerte Erscheinung, wurde er wegen seiner Herkunft und seines Status bei der Pilgerreise zum Jerusalemer Tempel dort vermutlich allenfalls in den Vorhof des Tempels vorgelassen. Dennoch liest er während der Fahrt in den

Prophetenbüchern und bleibt ein Suchender. Dass der Apostel in seinen Wagen einsteigt, lässt sich bereits als Haltung des offenen Zugehens verstehen, weil der Äthiopier selbst die Hoheit über die persönliche Suche behält. An einer bestimmten Stelle der gemeinsamen Fahrt bittet er den Apostel um die Taufe. Er bestimmt dabei selbst Ort und Zeitpunkt, empfängt die nicht näher beschriebene Taufe und reist nach der Verabschiedung in sein Heimatland weiter. Die Erzählung ist bemerkenswert, weil sie Erstaunliches überliefert und zugleich wichtige Dinge weglässt. Und sie dürfte früh umstritten gewesen sein, worauf Ergänzungen des Textes hinweisen, die später vorgenommen wurden.[92] Die gemeinsame Fahrt mit dem offenen Gespräch zwischen den beiden Menschen kann als Inbegriff einer idealtypischen religiösen Kommunikation verstanden werden, die sich nicht auf eine deklaratorische Belehrung beschränkt. Sie verläuft dialogisch und setzt voraus, dass der Apostel das Risiko eingeht, nicht über Richtung und Ziel der Fahrt bestimmen zu können. Der Apostel setzt sich dem Fremden, seinen Fragen und seiner Art der Reise aus. Zur Taufe kommt es, ohne dass hier eine feste Tauformel erkennbar wäre (die etabliert sich wohl erst später). Vor allem aber fehlen zwei Dinge, die in der späteren Theologie als zentral angesehen werden: Der Äthiopier legt keinerlei Glaubensbekenntnis ab. Sein Bitten um die Taufe genügt dem Apostel offenbar als Ausweis dafür, dass hier ein Mensch eine Ahnung von Jesus als dem Gottessohn und Gesalbten bekommen hat. Diese Leerstelle des eindeutigen Bekenntnisses findet seine Fortsetzung nach der Taufe. Denn es folgt keinerlei Einfügung in eine Gemeinde oder Gemeinschaft. Die Taufe fungiert hier nicht als Initiationssakrament in eine fest bestimmte Gruppe. Sie ist eher ein Eintritt in die Bewegung derer, die von Jesus gehört haben. Dabei behält der getaufte Mensch die Freiheit, sich vom Apostel verabschieden und den eigenen Weg weiter suchen zu können. Die Taufe des Äthiopiers erscheint hier als Ermutigung und Stärkung für einen eigenständigen Glaubensweg und entbehrt damit jener institutionellen Einbindung, die schrittweise entsteht und die symbolisch-sakramentale Handlung stärker an Vorbedingungen (Bekenntnis, Katechumenat, Lebensführung) und Erwartungen einer Gemeinschaft bindet. Das beschriebene Agieren des Apostels ist von einer offenen Hinwendung zum Fremden und einer Gelassenheit geprägt, die die religiösen Wege nicht durch kontrollierte Formen und institutionalisierte Einbindungen standardisieren muss. Darin zeigt sich jene religiöse Risikokultur, die dem Menschen und dem Wirken des Heiligen Geistes, der als Antrieb des Apostels genannt wird, eine eigene, selbst verantwortete Gestaltung des persönlichen Glaubensweges zutraut. Sie hätte sich in der Ausgestaltung kirchlichen Lebens bis hinein in den Umgang mit den Sakramenten, um nur ein Beispiel zu nennen, als »unbedingtes Ja Gottes zu einem jeden Menschen«[93] zu konkretisieren. Diese kirchlichen Symbolhandlungen zur konkreten Erfahrung der Zuwendung Gottes bauen auf einer gnadentheologischen Basis auf: Sakramente, liturgische Handlungen und Segnungen sind funktional auf die Stärkung von Menschen für ihre Glaubens- und Lebenswege ausgerichtet. Der zentrale Maßstab ihrer Qualitätsbestimmung liegt in der Funktion, für die adressierten Menschen heilsam und lebensdienlich zu sein. Erst nachrangig haben sie darin auch eine Funktion für die Gemeinschaft einer Kirche, etwa als Initiationsritus. Vorrangig drückt sich in ihnen die göttliche Zuwendung zu den Menschen und ihre der Ermutigung und Bestärkung aus. Und die Erfahrung der göttlichen Zuwendung entzieht sich der Sorge um Präzision von Erlaubtheitsdiskursen.

Aus dieser Rangfolge ergeben sich wichtige Effekte für die Rolle von kirchlichen Autoritäten. Denn mit den Sakramenten und Liturgien, für deren Spendung und Ordnung sie Verantwortung tragen, sind auch sie selbst mit ihren unterschiedlichen kirchlichen Ämtern in eine Dienstbestimmung gestellt. Allzu häufig verschiebt sich hier die Priorisierung des Amtsverständnisses. Das passiert, wenn Verantwortliche primär ihre Aufgabe in der Sorge um die kirchliche Ordnung und die Pflege von Sakramenten sehen und dabei aus dem Blick gerät, dass diese Ordnung ihrerseits noch einmal der Lebens- und Glaubenspraxis aller Zeitgenoss:innen verpflichtet zu sein hat. Zudem lassen sich diese zentralen Vollzüge des kirchlichen Lebens, die den Bereich eng definierter Sakramente freilich weit übersteigen, mit einem Verweis auf ihr Zentrum einordnen. Denn dieses Zentrum besteht in einem Akt, der als freies Geschenk, als Gabe, zu bestimmen ist. Die Gabe ist jedoch, selbst wenn sie nicht die von dem Philosophen Jacques Derrida beschriebene Höchstform erlangt, weitgehend von den Einbindungen in feste Ordnungen und Bedingungen zu bewahren. Sonst besteht die Gefahr, dass aus einer Gabe oder einem Geschenk eine Art des Handels wird. Das ist den meisten Menschen aus dem Bereich gegenseitiger Geschenkpraxis nur zu vertraut: Dann gibt es Geschenke, die mit der Erwartung auf ein gegenseitiges Beschenken verbunden sind. Geschenke, mit denen Freundschaften erkauft oder erzwungen werden sollen. Oder Werbegeschenke, die das Ziel haben, die Adressat:innen an sich oder an ein Unternehmen zu binden. All diese Fehlformen des Geschenkes tragen automatisch den Beigeschmack an sich, das Eigentliche und Schöne des Schenkens zu beschädigen. Nun gibt es wohl kein Geschenk, das gänzlich frei wäre von etwas zweifelhaften Begleiterscheinungen und Interessen. Und das absolut reine Schenken, das nicht mal einen Dank erwartet, dürfte als Utopie gelten. Aber wenn diese Erwartungen eine Dominanz über das Geschenk erlangen, wird dies schnell als Verlogenheiten entlarvt. Da haben wohl die meisten Menschen ein feines Sensorium. Vor diesem Hintergrund erscheint es lohnend, diese natürliche menschliche Wahrnehmung auch im Umgang mit den Sakramenten, Liturgien und anderen kirchlichen Praxisfeldern einzusetzen. Wo die Taufe lediglich zu einer kirchlichen Form der Mitgliedergewinnung und die Erstkommunion und Firmung lediglich als Form der Kundenbindung verstanden werden, dürfte dies in Analogie zu den »falschen Geschenken« schnell als Verrat an der eigenen Botschaft wahrgenommen werden. Wenn die Sakramente solchen institutionellen Mechanismen der Selbststabilisierung unterworfen und das Wohlergehen der jeweiligen Menschen als nachrangig betrachtet werden, verlieren diese zentralen Vollzüge des christlichen Lebens ihren Kern. Sie werden nachhaltig beschädigt und deformiert. Erst wo im Umgang mit den sakramentalen Vollzügen deren kirchliche Effekte deutlich und erkennbar von nachrangiger Bedeutung sind, gelangen sie zum eigentlichen Kern ihrer Bestimmung. Dazu sind sie von dominanten Vorgaben und Reglements zu befreien und in den Status des Geschenkes zurückzuführen. Darin unterliegen sie jedoch erheblichen Risiken: Sie können missachtet und umgedeutet, in fremden Interessen genutzt und verspottet werden. Immer wieder begegnen mir in kirchlichen Kontexten derartige Debatten. Das gilt etwa, wenn bei Gottesdiensten in kirchlichen Schulen darüber geklagt wird, dass vereinzelt mit konsekrierten Hostien unangemessen umgegangen wird. Dann klagen Seelsorger:innen, Küster:innen und Lehrer:innen häufig, dass sie nach dem Gottesdienst diese Hostien unter Kirchenbänken finden. Das ist tatsächlich für alle schwer zu ertragen, die als katholische Christ:innen darin den Leib Christi sehen. Als Reaktion gibt es dann meist verschiedene Überlegungen, wie die jugendlichen Schüler:innen besser diszipliniert werden könnten. Die entsprechende Denkweise zeigt viele Varianten und mancherorts entstehen kurios anmutende Versuche der Kontrolle. In solchen Auseinandersetzungen wird konkret, dass in jedem Sakrament wichtige Risiken enthalten sind. Ja, sie sind sogar unerlässlich für das Sakrament selbst. Denn es sind wichtige kirchliche Vollzüge, die in die Verantwortung von Menschen gelegt sind. Und die Menschen erweisen sich sowohl auf Seiten der zuständigen Seelsorger:innen wie bei allen anderen Beteiligten als wenig zuverlässig. Doch dieses Risiko, das mit den Menschen immer verbunden ist, steht im Zentrum eines Glaubens, der auf der Menschwerdung Gottes aufbaut. Schon darin geht Gott das erhebliche Risiko ein, von den Menschen nicht erkannt und zuletzt sogar zu Tode gefoltert zu werden.

Die wichtigste Leerstelle: Noli me tangere

Als Entsprechung und komplementäres Gegenstück zu diesem Verständnis der Menschwerdung Gottes kann das Phänomen einer Leerstelle in den biblischen Darstellungen der Auferstehung Jesu verstanden werden. Es ist gewissermaßen das Risiko der Lücke, das in der kirchlichen Verkündigung des Osterglaubens häufig übersehen wird: Die Frauen am Grab und die Emmausjünger erkennen den Auferstandenen zunächst nicht. Eine Berührung ist nicht vorgesehen. Dieses Element des Entzogenseins wird mit dem programmatischen Satz des »Noli me tangere« (Joh 20,17) unterstrichen: *Berühre mich nicht! Halte mich nicht fest!* Der französische Philosoph Jean-Luc Nancy sieht in diesem Tabu des Johannesevangeliums das eigentlich Berührende, ein »Paradoxon«[94]: Indem der Auferstandene durch das Zurückweisen der Berührung die Menschen anrührt, »ist im Christentum nichts und niemand unberührbar.«[95] Hier lässt sich ein zentrales Element des christlichen Glaubens ausmachen, sein destabilisierendes Potenzial. Für Nancy ist es das Ende eines Glaubens, der nur festhalten und Sicherheit erlangen, statt sich einlassen will: »Glaube nicht, es gäbe eine Versicherung, so wie sie Thomas wollte. Glaube nicht, auf keine Weise. Aber bleibe in diesem Nicht-Glauben standhaft.«[96] Hier deutet sich eine Form des Glaubens an, der mit der Unberührbarkeit des Auferstandenen Christus beginnt und die Vorstellung, es gebe im Glauben etwas Unberührbares, überwindet.

Auch vom Apostel Thomas, der in der Darstellung des Evangelisten Johannes so sehr darauf drängt, dem Auferstandenen persönlich zu begegnen und ihn zu berühren, wird genau diese Berührung eben nicht überliefert. Zwar kommt es zur Begegnung und der auferstandene Jesus fordert den Apostel auf, ihn zu berühren. Aber ob er das tut und den Auferstandenen berührt, bleibt im biblischen Text offen (Joh 20,27). Erst spätere bildliche Darstellungen werden diese Lücke ignorieren und die Berührung ungehemmt darstellen – und sie damit behaupten. An einem zentralen Ort christlichen Auferstehungsglauben stellt diese Leerstelle, das Risiko der Lücke, ein markantes Element dar, weil der entscheidende Augenblick nicht sprachlich festgehalten werden kann.

6. Theologie der »dreckigen Hände«

»Aha, der junge Herr ist wohl etwas Besseres? Der feine Herr möchte sich wohl nicht die Hände dreckig machen?!« – Fehler! Es war ein großer Fehler und sollte mir eine Lehre sein. Ich sitze in der Mittagspause mit den Bauarbeitern im Bauwagen und habe erzählt, dass ich nach dem Abitur vielleicht studieren würde. Im nächsten Augenblick ärgere ich mich über diesen Fehler. Das muss ja arrogant wirken. Und ich habe es mir bis heute gemerkt. Ich habe als Schüler mit 16 Jahren begonnen, während der Schulferien in einem Bauunternehmen meiner Heimatstadt zu arbeiten. Im Straßenbau. Neben einer Reihe anderer Jobs war dieser ein echter Glücksfall. Denn die Bezahlung schien mir großartig. Ich stamme aus einer Familie ohne akademischen Hintergrund. Es war für meine Schwester und mich (wie für eine Reihe anderer Schüler:innen) üblich, neben der Schule und in den Ferien zu arbeiten. Geblieben sind mir Erinnerungen an die körperliche Arbeit und die Arroganz mancher Lehrer:innen gegenüber Kindern aus nichtakademischen Familien bei Elternsprechtagen und anderen Gelegenheiten. Geblieben ist mir ein Bewusstsein dafür, wie wichtig in einem gesellschaftlichen Kontext, in dem primär die familiäre Herkunft über die Bildungsbiografie entscheidet, ermutigende Faktoren sind. Dass sich ein Verein wie »Arbeiterkind« um die Ermutigung und Vernetzung von Schüler:innen und Studierenden aus nichtakademischen Familien bemüht, ist großartig. Wenn solche Initiativen nur geringe Unterstützung aus den Kirchen erfahren, schmerzt dies, weil es auch ihre bürgerliche Milieuverengung abbildet.

Aus der Arbeit im Straßenbau ist mir auch die Frage nach den dreckigen Händen in Erinnerung geblieben: Will der »feine Herr« sich nicht die Hände dreckig machen? Aus der Perspektive der Menschen, die im Straßenbau, in der Krankenpflege oder in der Landwirtschaft arbeiten ist an dem hintergründigen Vorwurf vermutlich etwas dran. Doch begleitet mich die Frage seit langem, ob es nicht auch eine *Theologie der dreckigen Hände* gibt. Studierende, denen ich von dieser Frage in Vorlesungen berichte, schmunzeln manchmal. Es ist eine Fragestellung, die im Vergleich mit philosophischen und systematisch-theologischen Traktaten auf den ersten Blick simpel wirkt. Doch wer länger über sie nachsinnt, entdeckt ihre Tragweite. Mit der Suche nach einer *Theologie der dreckigen Hände* geraten manche theologischen Konzepte, die als Flucht in die Abstraktion erscheinen können, unter Rechtfertigungsdruck.

Vergewisserung

Die Suche nach einer *Theologie der dreckigen Hände* deutet eine spirituelle Dimension an, mit der sich eine Hybris des Besseren, eine Vorstellung des Reinen und eine Flucht in die Abstraktion verbietet. Eine *Theologie der dreckigen Hände* stellt sich dem Anspruch gegenwartsgesellschaftlicher Relevanz und der Konkretion in Lebenserfahrungen. Ein relativ junger, spiritueller Text ist mir dabei besonders wichtig:

> »Du Wort, das der Vater spricht,
> behältst deine Gottheit nicht
> als Beute und Raub,
> du springst in den Staub:
> Du Leben, du Licht
> wirst Mensch, der zerbricht,
> da fließen die lebenspendenden Wasser
> des Heils.
> Halleluja.«

Dieser Text entstammt einem Hymnus des kirchlichen Stundengebetes.⁹⁷ Er deutet die Menschwerdung Gottes als Sprung in den Staub. Er ist eine großartige Meditation der Dichterin und Benediktinerin Silja Walter darüber, dass Gott selbst in diesem zentralen Akt der Hinwendung zu seiner Schöpfung, jede um Reinlichkeit bedachte Zurückhaltung überwindet. Dieser Gott, der in den Staub springt, will offenbar seiner ganzen Schöpfung nahe sein. Es ist ein Gott, der sich selbst die Hände dreckig macht und sich dafür nicht zu fein ist. Ein Gott, der in den Staub springt? Hier finden sich Elemente, die als Grundlage einer *Theologie der dreckigen Hände* verstanden werden können. Sie markieren das Risiko, das Gott selbst eingeht: das Risiko, nicht erkannt zu werden und an der Seite von marginalisierten und diskriminierten Menschen deren Schicksal zu teilen. So liegt in dieser Verbundenheit mit den Menschen eine Form der »unbedingten Anerkennung«⁹⁸. Wo eine Theologie unter dem Anspruch steht, als »befreiende Theologie in Bewegung«⁹⁹ zu wirken und als solche Prägekraft zu entfalten, wird sie der Gefahr einer abgehobenen und »wortgewaltigen Salontheologie«¹⁰⁰ nur dadurch entgehen, dass sie sich in der Konkretion die Hände dreckig macht. Es ist jener Sprung in den Staub, der nicht nur diesem Essay den Titel gibt, sondern die zentrale Bewegung christlichen Glaubens und Selbstverständnisses, die Hinwendung, ernst nimmt.

Das Ernstnehmen jener Vorstellung der göttlichen Menschwerdung bewirkt im 20. Jahrhundert eine Rückbesinnung im Verhältnis der katholischen Kirche zur jeweiligen Gegenwartsgesellschaft. Denn sie kann dann nicht einfach als Gegenüber der Kirche verstanden werden, was ja die Grundlage für Distanz und Formen der Entsolidarisierung ist. So nimmt Papst Johannes XXIII. mit der Ansprache »Gaudet mater ecclesia« im Jahr

1962 eine Neubestimmung des Verhältnisses von Lehramt und Pastoral vor. Die Lehre der Kirche ist immer wieder neu zu kontextualisieren und besteht nicht jenseits der menschlichen Erfahrungswelt. Erst in diesem »existentiellen Lebensvollzug« gewinnen Lehrtraditionen ihre Bedeutung.[101] Daraus entwickelt sich der Anspruch einer »Pastoralität der Lehre«. Sie ist jedoch in der Lesart von Hans-Joachim Sander weit mehr als ein beständiges Abgleichen von Lehre und Leben. Für ihn ereignet sich mit »Gaudium et spes« als dem Schlüsseldokument des Zweiten Vatikanischen Konzils eine Ortsverschiebung der kirchlich-lehramtlichen Theologie in die Erfahrungen der Zeitgenoss:innen hinein. Die Erfahrungen sind also nicht mehr nur das Anwendungsgebiet kirchlicher Lehre oder ihr unabdingbares Korrektiv. Diese Erfahrungen sind der Ort, an dem sich Menschen immer wieder neu der Herausforderung stellen, ihr Leben mit der Botschaft Jesu in Bezug zu setzen und dabei Theologien zu entwickeln, die ihnen lebensdienlich erscheinen. Die Bestände lehramtlicher Traditionen können ihnen dabei Hilfe sein. Oft genug erweisen sie sich aber auch als wenig hilfreich und irrelevant. Vor allem Papst Franziskus hat in seiner Form der Verkündigung dieses Problem ausgemacht und die Verantwortung dafür nicht einfach in den Rezipient:innen kirchlicher Lehre gesucht, sondern die Akteur:innen der Kirche selbst in die Pflicht genommen. Insbesondere in seiner Enzyklika »Evangelii Gaudium« weist er der kirchlichen Lehre die Aufgabe zu, sich als relevant zu erweisen, indem sie die Lebensrealitäten der Menschen ihrer Zeit wahrzunehmen hat. Die Wahrnehmung wird damit zum lehramtlichen Grundauftrag – weit vor jedem Definieren, Formulieren oder gar Verurteilen. Manchen Kritiker:innen erschien dies als Bruch mit der katholischen Tradition, von der sie bevorzugt im Singular sprechen und der sie oftmals eine innere Homogenität und historische Bruchlosigkeit zuschreiben. Dahinter wird – entgegen der eigenen Behauptung – ein schwaches Bild kirchlicher Lehre erkennbar. Denn sie scheint des strategischen Schutzes durch instabile Konstruktionen zu bedürfen. Papst Franziskus hingegen bricht nicht einfach mit den Traditionen kirchlicher Lehre, sondern denkt so groß von ihnen, dass er sie nicht schützen muss. Er kann sie fordern, ihre eigene Relevanz in den Gegenwartsfragen und in den biografischen, familiären und existentiellen Dramen der Menschen zu erweisen. Papst Franziskus fordert damit von kirchlicher Verkündigung, dass sie die Abgehobenheit einer behaupteten Überzeitlichkeit verlässt und sich auf Gegenwartsfragen ohne Rücksicht auf die eigenen Bestände einlässt. Sie wird zu einer Theologie, die sich die Hände schmutzig macht!

Dieses Einlassen auf Gegenwartsfragen, wie es lehramtlich in der Pastoralkonstitution »Gaudium et spes« bereits vollzogen wurde, birgt Risiken. Denn es macht die von Papst Benedikt XVI. bevorzugte Reinheit des Glaubens und der kirchlichen Lehre unmöglich. Darin liegt bereits ein erstes, grundlegendes Risiko der *Theologie der dreckigen Hände*: Indem sie sich auf Gegenwartserfahrungen einlässt, nimmt sie Entscheidungen und Priorisierungen vor. Sie muss sich und die eigenen Priorisierungen erklären. Sie muss begründen, warum sie sich mit den einen mehr solidarisiert als mit den anderen. Orientierung findet sie dabei an der »Option für die Armen«, doch gelingt ihr diese Ausrichtung keinesfalls immer mit der gebotenen Konsequenz. Genau betrachtet liegt sie mit ihren Wahrnehmungen nahezu unausweichlich daneben, sodass sie auf kommunikative Prozesse mit möglichst vielen Akteur:innen angewiesen bleibt. Wer sich der gesellschaftlichen Realität, gerade den schmerzhaften Lebenserfahrungen von Menschen, annähern will, braucht die

Wahrnehmung der anderen, um der Vielgestaltigkeit und Vielschichtigkeit der bitteren Schicksale annähernd gerecht zu werden. Eine *Theologie der dreckigen Hände* ist deshalb immer hilfsbedürftig. Sie kann nicht mit dem Habitus auftreten, die Realität besser und präziser als andere zu erfassen. Sie muss vielmehr die eigenen Wahrnehmungen mit den Beobachtungen, den Erzählungen und Erfahrungen anderer Perspektiven abgleichen und immer wieder eingestehen, dass sie nicht das Ganze in den Blick zu nehmen vermag. Zu den Risiken eines derart kooperativen Wahrnehmens gehört also das Eingeständnis der eigenen Fragmentarität. Das Fragment ist mit dem lästigen Eingeständnis verbunden, auf andere angewiesen zu sein und sich selbst relativieren zu müssen. Hier wird deshalb der Gestus der Erhabenheit abhandenkommen.

Ein weiteres Risiko einer sich um Relevanz bemühenden *Theologie der dreckigen Hände* ist mit jeder Konkretion verbunden. Denn in ihr erfolgt eine Bindung an zeitgeschichtliche Ereignisse. Sie fragt nach den Zeichen der Zeit und benennt damit besonders markante Gegenwartsphänomene, in denen Menschen um ihre Würde ringen und theologische Sprachlosigkeit entsteht. Auch diese Konkretion findet sich bereits in der Pastoralkonstitution des Zweiten Vatikanischen Konzils »Gaudium et spes«. Das Dokument mit einer der größten Verbindlichkeiten benennt in seinem zweiten Teil konkrete Gesellschaftsfragen der Mitte des 20. Jahrhunderts. Diese gesellschaftspolitischen Themen wirken bereits wenige Jahrzehnte später seltsam aus der Zeit gefallen. Die Konzilsväter des Zweiten Vatikanischen Konzils ahnten wohl, dass dieses Dokument es mit seinen konkreten Themen schwer haben würde, in seiner Autorität anerkannt zu werden und verabschiedeten den Text mit einer Fußnote. Es ist die einzige Fußnote, die jemals in einem Konzilsbeschluss aufgenommen wurde. Diese Fußnote schrieb Kirchengeschichte, weil sie den Leser:innen des Dokuments verbindlich einschärft, dass niemand die zwei Teile der Konzilskonstitution trennen dürfe. Wer sich mit den allgemeinen und theoretischen Belangen des ersten Teils beschäftigt, muss auch den Blick auf die konkreten Praxisfelder richten – auch wenn sie nicht mehr aktuell erscheinen. Es darf keine Theorie ohne Praxis, keine Abstraktion ohne das Konkrete geben. Die Fußnote in »Gaudium et spes« ist ein Segen und Ausdruck von Lebensweisheit und Menschenkenntnis. Indem dennoch konkrete Felder der Gesellschaft benannt und aufgegriffen werden, geht das Dokument das Risiko ein, schon nach kurzer Zeit als überholt abgetan zu werden. Deshalb ist der zweite Teil des Dokuments eine großartige implizite Warnung, kirchliche Verkündigung nicht von aktuellen Fragestellungen zu trennen. Wird dieses Risiko des Konkreten vermieden, fungiert die Glaubensverkündigung im Habitus des Überzeitlichen und macht sich unangreifbar. Sie würde zu einer reinlich enthobenen Theologie. Doch eine christliche Verkündigung, die sich unangreifbar macht, konterkariert ihr eigenes Zentrum: das Bekenntnis zu einem Gott, der sich selbst angreifbar macht und sich nicht scheut, in eine konkrete Zeit und Gesellschaft einzutreten. Die Bindung an eine Zeit, an die Themen einer Epoche und an die Fragestellungen der Zeitgenoss:innen wird hingegen zum impliziten Glaubensbekenntnis für einen Gott, der sich konkret auf einen geschichtlichen und regionalen Kontext eingelassen hat. In einer durch weitreichende und umfassende Säkularisierungsprozesse geprägten Gegenwart hat Jan Loffeld kirchliche Verdrängungsmechanismen identifiziert, mit der eine Verweigerung praktiziert wird, Niedergang und Verlust einer kirchlichen Struktur wahrnehmen zu müssen. Dieses »sich ehrlich machen« beinhaltet sehr weitreichende Anfragen, die auch das Menschenbild selbst betreffen. Denn wo Menschen sich nicht nur von kirchlichen und religiösen Institutionen entfernen oder sich als agnostisch verstehen, sondern im Sinne des »Apa-Theismus«[102] religiös gänzlich uninteressiert sind, schwinden jegliche religiösen Anschluss- und Kommunikationspotenziale.

Salz der Erde?

Viele Jahre verbinde ich mit diesem Satz »Ihr seid das Salz der Erde« aus dem Matthäus-Evangelium (Mt 5,13) einen Buchtitel Josef Ratzingers. Er plädiert damit im Rahmen eines Interviews für eine Kirche und eine christliche Glaubensidentität, die unbequem und sperrig ist. Damit wird aus dem biblischen Indikativ (»Ihr seid das Salz der Erde«) ein Imperativ, die kraftvolle Aufforderung, Salz der Erde zu werden. Als Student hat mich das fasziniert. Dabei galt es, gegen eine Form von verbürgerlichter Kirchlichkeit zu opponieren, die meinem eigenen Wunsch nach Radikalität zuwider war. Doch mit den Jahren ist mir dieses Verständnis christlicher Radikalität suspekt geworden. Nicht nur sehe ich einen Widerspruch zwischen der geschriebenen Theologie und ihrer ästhetischen Umsetzung. Ich sehe auch, dass diese Form der Radikalität vor allem von Ressentiments bestimmt ist. Sie sieht eine Gegenwartsgesellschaft, die von Unglaube, Relativismus und Egoismus geprägt sei und stellt all dem den christlichen Glauben kontrastierend gegenüber. Es ist ein Glaube im Modus bloßer Kontrastidentität. Gegenüber dieser Welt sei der Glaube das Salz der Erde. Unbequem und kantig, widerständig und gehaltvoll. Aber ist die Gesellschaft, ist unsere Welt so pessimistisch zu sehen? Und könnte hier vielleicht ein Missverständnis vorliegen? Denn die Metapher ist mehr als nur das Programm klarer Abgrenzung. Sie ist stattdessen ein Motiv radikaler Hinwendung. So beinhaltet die Metapher vom »Salz der Erde« für das Selbstverständnis der Jünger:innen Jesu mehr als nur die Widerständigkeit des Christlichen. Wer sich als Salz der Erde versteht, erlebt zunächst, dass die eigene Wahrnehmung nicht auf das Höchste ausgerichtet wird, sondern nach unten, auf das Tiefste! Der amerikanische Theologe und Philosoph John D. Caputo macht deutlich, dass hier eine grundlegende Differenz dessen sichtbar wird, was mit Theologie gemeint ist:

> »Letzten Endes muss es das Interesse der Theologie sein, sich nicht mit Gott zufrieden zu geben. (...) Ich überlasse das Terrain des ›Hohen‹ gerne der anderen Seite – nennen wir sie die ›hohe Theologie‹, eine Theologie, die kein höheres Interesse haben kann, als Gott. Ich halte dem entgegen, dass Theologie tiefere Interessen hat als Gott. Wir könnten diese gegenläufige Tendenz als ›tiefe Theologie‹ bezeichnen, aber ich bevorzuge den Begriff ›radikale Theologie‹. Damit meine ich, dass sie ganz nach unten in den Schmutz reicht und tief im Wurzelbereich der Theologie gräbt.«[103]

Diese theologische Ausrichtung nach unten, zum Tiefsten, bewahrt das kirchliche Selbstverständnis davor, sich durch Ressentiments gegenüber den wirklichen oder vermeintlichen Eigenarten der Gegenwartsgesellschaft profilieren zu müssen. Wo dies durch alle Konfessionen und Religionen hindurch versucht und praktiziert wird, ist es immer eine erbärmliche Form der Selbstaufwertung. Die Bestimmung von Menschen in der Nachfolge Jesu mit dem Satz »Ihr seid das Salz der Erde« beinhaltet also die unmögliche Rückholbarkeit dieses Salzes. Wer sich als Salz ausstreuen lässt, verbindet sich mit dem Umfeld und ist nicht mehr leicht auszumachen. Das Salz düngt die Erde, es dient dem Ackerbau. Aber es kann nicht wieder eingesammelt werden. Das Salz verliert sich. Deshalb eignet sich die Metapher gerade nicht, um mit ihr einer profilierten Erkennbarkeit das Wort zu reden. Wer »Salz der Erde« sein will, nimmt in Kauf, nicht mehr erkennbar zu sein und sich stattdessen für das Wachstum anderer in Dienst nehmen zu lassen. Es ist eine anspruchsvolle Metapher, weil sie auch eine Selbstaufgabe beinhaltet.

Der junge Theologe Jakob Frühmann engagiert sich in der Rettung von flüchtenden Menschen auf dem Mittelmeer in der Seenotrettung und beschreibt 2021 die rassistischen, rechtsradikalen und christlich-fundamentalistischen Reaktionen, die auf einen Bericht von seinem Engagement folgen. Er zeigt mit seinem an der Politischen Theologie von Dorothee Sölle inspirierten Engagement nicht nur, wie eine um konkretes Handeln bemühte *Theologie der dreckigen Hände* aussehen kann. Er verdeutlicht auch, mit welchen spezifischen Risiken von Missverständnissen bis Anfeindungen diese Haltung als einer Form »christlicher Einmischung«[104] und der tätigen Nächstenliebe rechnen muss. Sich auf diese Art einer befreienden Theologie einzulassen, ist riskant. Denn es ist eine »schwache Theologie«[105], die selbst Gott als schwach und töricht zu denken geneigt ist.

7. Jenseits der Sorge um das eigene Profil: Orientierung am Gemeinwohl

Wer darf dazugehören? Und aufgrund welcher Kriterien entstehen Rechte, Privilegien oder Pflichten? Diese Fragen prägen das Zusammenleben von Menschen in Gruppierungen und Vereinen, in Bewegungen und Parteien. Nicht immer werden die mit diesen Fragen verbundenen Aushandlungsprozesse fair und transparent gestaltet. Das gilt auch für Religionen und Kirchen. Und es gilt unter der Maßgabe der Teilhabe von Menschen am gemeinsamen Leben aller auch in gesamtgesellschaftlicher Perspektive. Soziale Teilhabe durch Bildung, Arbeit und Möglichkeiten der politischen und gesellschaftlichen Partizipation wird Menschen nicht nur im globalen Kontext vorenthalten. Es sind Menschen, die aufgrund von Alter, Geschlecht, ethnischer Zugehörigkeit oder anderen Merkmalen in ihren Lebensverhältnissen nicht auf die Unterstützung der etablierten Ordnungen und Systeme hoffen können. Sie sind Inbegriff derer, die nicht in das Raster der Sozial- und Bildungssysteme passen. Wer meint, das sei vielleicht die Situation in den Slums der afrikanischen oder lateinamerikanischen Mega-Cities, aber doch nicht im beschaulichen Deutschland, sollte seine Wahrnehmung schärfen. Am deutlichsten ist mir dies im Gespräch mit Menschen ohne offiziellen Aufenthaltstitel begegnet. Es sind Menschen mit Migrationsgeschichte, die offiziell in Deutschland gar nicht existieren dürften und oft immer noch mit der Bezeichnung »Illegale« herabgewürdigt werden. Sie stoßen permanent in ihren Alltagsvollzügen an jene meist unsichtbare Schranken, die ihnen zu verstehen geben, dass sie nicht dazugehören und keine Chance auf Partizipation und Teilhabe bekommen. Wer in Deutschland keinen »Aufenthaltstitel« hat, der/dem fehlen die Zugänge zu den Sozialsystemen, der/die bekommt keine Unterstützung. Die genannten Bezeichnungen sind hier deshalb in Anführungsstriche gesetzt, weil sie als etablierte Form der sprachlichen Distanznahme verhindern, Menschen mit dramatischen Erfahrungen und prekären Lebenssituation wahrzunehmen. Es sind Begriffe, die verharmlosen und kriminalisieren, wo vor allem große Not zu sehen wäre. Für die betroffenen Menschen vielleicht am schlimmsten: Jeder Kontakt mit Behörden ist für sie bedrohlich. Deshalb können sie erlittenes Unrecht nicht anzeigen oder anklagen. Das macht sie, über die prekären wirtschaftlichen Verhältnisse hinaus, leicht zu Opfern von Ausbeutung jeglicher Art. Ich habe großen Respekt vor diesen Menschen, denen es trotz der Härten einer gesellschaftlichen Parallelwelt gelingt, in Deutschland Arbeit zu finden, eine Familie zu gründen und ihre Kinder zu versorgen. Dort, wo es kirchlichen Akteur:innen gelingt, die Bahnen korrekter Verwaltungslogik hinter sich zu lassen, können kirchliche Praxisfelder auch gegenüber diesen Menschen ihre Lebensdienlichkeit erweisen. Wer in der kirchlichen und seelsorglichen Praxis mit Menschen ohne »Aufenthaltstitel« zu tun hat oder sich an der Versorgung von Menschen im Rahmen von Kirchenasylen beteiligt, wird Biografien und Lebensbedingungen kennenlernen, die sprachlos machen. Es sind häufig Schicksale, die sich den vertrauten Mustern von Verwaltung und bürgerlichen Lebensvollzügen (bis hinein in das Vertrauen in staatliche Instanzen und Behörden) entziehen.

Eine Kirche, die sich mit Haupt- und Ehrenamtlichen in den örtlichen Belangen einbringt, ohne dabei missionarischen Habitus zu entwickeln, hat das Potenzial, in sozialen Kollaborationen mit anderen Akteur:innen Menschen in prekären Lebenssituationen zu unterstützen. Sie ist dabei nicht die einzige und schon gar nicht erste. Es gibt in den weithin säkularen Gesellschaften beeindruckende Menschen, die ohne religiöse oder gar christliche Motivation die sozialen Anliegen anderer, schwächerer Menschen vertreten und problematisieren. Häufig beeindruckt mich das sehr. Und manchmal beschämt es mich, wenn kirchliche Vertreter:innen einen Habitus pflegen, als wären sie die vorrangigen sozialen Akteur:innen unserer Gesellschaft.

Natürlich ist es Ausdruck eines gemeinwohlorientierten kirchlichen Selbstverständnisses, immer wieder zu fragen, ob und wo sie einen Beitrag dazu leisten könne, »dass unsere Gesellschaft zusammenbleibt, Hass und Angst gemindert werden, ein Raum entsteht, in dem Bürger sich frei entfalten und solidarische miteinander leben können«[106], wie es Johann Hinrich Claussen formuliert. Doch wer dabei die kirchliche Position dadurch zu stärken sucht, dass er/sie einer Gesellschaft ohne nennenswerte kirchliche Präsenz eine »Verrohung«[107] prophezeit, übersieht die konfessionsübergreifende Gewalt- und Missbrauchsgeschichte und verbleibt in einem ersehnten Modus kirchlicher Aufwertung. Im Dezember 2023 hat etwa der evangelische Theologe Justus Geilhufe in einem Radiointerview unter Bezug auf einen von ihm publizierten Essay[108] betont, wie angewiesen eine säkulare Gesellschaft auf die humanisierende Wirkung der christlichen Kirchen sei. Das ist häufig die Konstruktion eines sozial-caritativen Habitus, mit dem der institutionelle Eigennutz vieler kirchlicher Projekte überdeckt wird. Natürlich leisten viele Menschen in den sozialen Einrichtungen der großen Kirchen in Diakonie und Caritas Großartiges und viele von ihnen tun es auch in Verbindung mit einem überzeugenden christlichen Glauben. Aber es ist unerheblich und unwahrscheinlich, ob sie ihre Arbeit aufgrund ihrer religiösen Überzeugungen »besser« machen als Menschen ohne christliche Haltung oder religiösen Glauben. Zur Ehrlichkeit im Umgang mit diesen großen Traditionen gehört auch, dass viele soziale Einrichtungen der katholischen Kirche im 19. Jahrhundert oder nach dem Zweiten Weltkrieg entstanden sind, um damit – zumindest als Kollateraleffekt – das katholische Milieu zu stabilisieren, also den Zusammenhalt unter den »Gleichen«, den Dazugehörenden zu gewährleisten. Sie waren damit auch Bestandteil einer abgrenzenden Milieukonzeption und einer Form des institutionellen »Othering«. Dieser Begriff beschreibt das ausgrenzende Verhalten von Menschen, die andere in ihrer Abweichung von einer angenommenen Normalität bestimmen. Menschen werden dann zu exotischen Anderen, um sich selbst, den eigenen Status und die eigenen Normvorstellungen als Standard zu legitimieren. Die – meist unbewusste – Strategie der Grenzziehung findet sich auch im Ruf nach institutioneller und konfessioneller Profilierung. Deshalb ist es so wichtig, dass eine gemeinwohlorientierte Pastoral keinen kirchlichen Output erzeugen muss. In ihr gibt es keinen Gewinn, nicht mal einen Status- und Image-Gewinn.

Denn der Einsatz für andere zusammen mit allen anderen Zeitgenoss:innen verbietet per se, dieses gemeinsame Handeln mit einem kirchlichen »Label« zu versehen. Wo sich Christ:innen derart für das Gemeinwohl auf lokaler Ebene einbringen, also »unserer Verbundenheit als Mitglied der Menschenfamilie«[109] Ausdruck geben, geht es um die Existenzfragen, nicht um die eigene Inszenierung oder ein Institutionenmarketing.

Ist das nicht riskant? Es bedeutet, dass Christ:innen nicht durch ein »Labeling«, also durch den Ausweis ihres kirchlichen oder zumindest christlichen Motivs erkennbar sind. Sie machen sich die Hände schmutzig mit den aktuellen lokalen Themen, ohne dass hinterher jemand sagen kann: »Schau mal, die von der katholischen Kirche sind doch sympathisch und gut.« Es heißt nicht, dass ich mir solch eine Wahrnehmung der Kirche nicht wünschen würde. Schließlich bin ich auch von meiner

Kirche positiv geprägt und weiß den großen Schatz ihrer Traditionen und spirituellen Ressourcen zu schätzen – während sie mich mit der nicht endenden Reihe von Skandalen und strukturellen Problemen beschämt. Ich freue mich, wenn die katholische Kirche positiv und mit ihren Stärken gesehen und gezeigt wird. Und ich weiß, wie schwer erträglich der Blick auf das Positive für Menschen sein muss, die genau in diesem Kontext durch unterschiedliche Formen der Gewalt schwer verletzt worden sind. Auch deshalb gilt, dass die positive Wahrnehmung der Kirche eben nicht der Auftrag des Evangeliums ist. Sie kann allenfalls ein Nebeneffekt kirchlicher Präsenz sein. Traditionell wird in kirchlichen Kontexten viel von »Dienst« gesprochen, aber selten ohne Eigennutz gehandelt. Traditionell wird häufig vom »Opfer« gesprochen, ohne dass damit eine größere Sensibilität für Opfer zu beobachten ist – weder die eigenen noch die fremden. Die von Dietrich Bonhoeffer geprägte Rede von einer dienenden Kirche besagt, dass die Indienstnahme durch die Botschaft Jesu keinen institutionellen Selbstschutz mit sich bringt. Es ist im besten Sinne ein »Risiko des Uneindeutigen«[110], sich unter diesen Anspruch institutioneller Selbstlosigkeit zu stellen und die damit entstehende Nichterkennbarkeit als erforderliche Grundlage eines wirklich solidarischen Mitseins auszuhalten.

In manchen Großstädten gibt es in den verschiedenen Stadtteilen Zusammenschlüsse von Vereinen. Als Pendant zu gewählten Bezirksräten, manchmal auch in Verbindung mit ihnen, schließen sich verschiedene Akteur:innen und Organisationen der Stadtteile zusammen. Meist geht es um den Erhalt einer Sporthalle, die Streckenführung der Straßenbahn oder die Sauberkeit in den Grünflächen. Keine Themen, die es in der Zeitung auf die ersten Seiten schaffen. Keine Themen, die auf den ersten

Blick besonders attraktiv erscheinen oder eine Bühne für Profilierungen bieten. Mancherorts arbeiten auch Kirchengemeinden in diesen Zusammenschlüssen mit. Ich kenne aber auch die Position, die das verhindert: »*Wir sind doch kein Verein. Wir sind als Kirche etwas ganz anderes und bleiben deshalb lieber auf Distanz.*«

Es ist die Haltung, die das Risiko meidet und sich um die Erkennbarkeit des eigenen Selbstverständnisses sorgt. Das Problem ist aus christlicher Perspektive nur, dass Gott sich selbst für ein uneindeutiges Auftreten in seinem Sohn Jesus entschieden hat. Schon die neutestamentlichen Texte berichten immer wieder davon, dass es Menschen gibt, die in Jesus nicht den Messias erkennen können. Es zeugt von wirklicher Größe, dass die Evangelien dies überliefert haben, wenn auch mit einem korrigierend belehrenden Impetus. Wenn der Gott Jesu Christi in seiner Menschwerdung vor allem die Bereitschaft zur Uneindeutigkeit und Unerkennbarkeit zeigt, drückt sich darin ein umfassender Anspruch aus: als Christ:in zu leben, ohne den eigenen Glauben und die eigene kirchliche Tradition wie ein Schild vor sich her zu tragen. Der Ernstfall dieser Frage nach einer kirchlich-institutionellen Zurückhaltung zugunsten ihres lebensdienlichen Engagements für alle Mitmenschen ereignet sich in Formen gemeinwohlorientierter kirchlicher Praxis.

Kompliz:innenschaft als Modell kirchlicher Präsenz

In der Auseinandersetzung mit den Ansätzen und Konzepten gemeinwohlorientierten Arbeitens im Kontext der Pastoraltheologie entstehen naheliegende, für den wissenschaftlichen Bereich aber auch ungewohnte Kooperationsformen, die der »Entgrenzung«[111] fachspezifischer Separationen entsprechen.

Die wissenschaftliche Reflexion spiegelt damit ein inhaltliches Spezifikum jedes gemeinwohlorientierten Agierens: Es geht um effektive Kollaborationen, die Gesa Ziemer mit dem Konzept der Kompliz:innenschaft soziologisch abbildet. In ihrem Verständnis von Kompliz:innenschaft wird der Fokus nicht auf die Leistungen der Einzelnen, sondern auf die Resultate des gemeinsamen Agierens gelegt.[112] Diese Grundstruktur der Kooperation unterschiedlicher Akteur:innen erscheint in oberflächlicher Betrachtung banal. Sie ist aber in der Gestaltung öffentlicher Entscheidungsprozesse ein grundlegendes Votum gegen Komplexitätsreduktionen. Der Politikwissenschaftler Rames Abdelhamid spricht daher in der Gestaltung komplexer Sachverhalte und in der Suche nach Problemlösungen von »kooperativen Kompetenzaneignungen«[113]. Diese Prozesse entsprechen der Komplexität vieler Probleme der Gegenwartsgesellschaft und sie erscheinen in der Gestaltung der negativen Auswirkungen des Anthropozäns[114] aufgrund ihrer kooperativen Struktur als anschlussfähig.

Vor dem Hintergrund der Klimakrise wächst insbesondere in westlichen Gesellschaften das Bewusstsein, dass bestehende gesellschaftliche Paradigmen der Moderne nicht mehr die dominante, weithin kaum hinterfragte Geltung beanspruchen können. Das gilt etwa für die Vorstellung einer ausschließlich durch wirtschaftliches Wachstum zu bestimmenden Gesellschafts- und Wirtschaftskonzeption. Vor dem Hintergrund der Klimakrise werden die fatalen Effekte dieses Paradigmas zunehmend diskutiert und problematisiert.

Wenn junge Menschen während oder nach ihrer Ausbildungsphase zunehmend betonen, dass sie an einer überzeugenden Work-Life-Balance interessiert sind und dass für ihre Vorstellung von einem gelungenen Leben die berufliche Karriere oder der ökonomische Erfolg mit den dazu gehörenden Statussymbolen eine untergeordnete Rolle spielen, rütteln sie an den Grundfesten des bundesrepublikanischen Gesellschaftsmodells. Denn das baut maßgeblich auf dem Wachstumsparadigma und der Steigerung des Lebensstandards durch Konsum, dem Ideal individueller Leistung und darin behaupteter Aufstiegsversprechen auf. Die Klimakrise steht jedoch symptomatisch für das Ende dieses Gesellschaftsmodells. Die veränderten Prioritäten und die Forderung nach der Gestaltung nachhaltiger Lebensbedingungen rücken das Wohl aller, das Gemeinwohl in den Blick.

Zu den Unschärfen des Gemeinwohl-Begriffs gehört, dass er nicht näher bestimmt, ob mit ihm eine globale Dimension umschrieben wird, die alle Menschen bzw. alle Lebewesen umfasst und damit jegliche Kleingruppen-Solidarität überschreitet. Oder ob es sich doch um ein »partikularistisches Konzept«[115] handelt.

Da der Begriff zudem gerade in den dominanten Ideologien des 20. Jahrhunderts kollektivistisch in Anspruch genommen wurde und dementsprechend als vielfach belastet gelten muss, ist seine Ausrichtung um so dringlicher zu definieren und zu bestimmen. Zu diesen Belastungen des Gemeinwohl-Begriffs gehört, dass in der Form klassisch dichotomer Abgrenzungen das Gemeinwohl als Gegenkonzept zur Vorstellung eines starken Individualismus betont und damit zur Legitimation der machtvollen Unterdrückung einzelner Menschen »im Sinne des Gemeinwohls« instrumentalisiert wurde:

»Faschistische Gemeinwohlkonzeptionen sind vorwiegend substanzialistische Konzeptionen: Das für die Nation Gute existiere, so die Annahme, weitgehend unabhängig von den Präferenzen der Individuen.«[116]

Dementsprechend wird der Begriff auch im 21. Jahrhundert im Kontext rechtspopulistischer Strategien zur Herabwürdigung von Minderheiten verwendet. Dieser Indienstnahmen des Begriffs zum Trotz lässt sich im Kontext von politischen Aushandlungsprozessen der Spätmoderne, etwa in den Diskussionen um Klimaschutzmaßnahmen, eine verstärkte Wiederentdeckung des Begriffs in politischen Debatten als Alternative zu neoliberalen, marktorientierten und individualistischen Denkansätzen beobachten. Es kommt zur »Renaissance der Idee des Gemeinwohls«[117].

In Ermangelung von systematischen »Gemeinwohlkonzepten« im Bereich von Philosophie, Politikwissenschaft oder Sozialethik greift der Sozialphilosoph Christian Hiebaum den Begriff mit dem »Handbuch Gemeinwohl« auf und ermöglicht damit eine breite, interdisziplinäre Herangehensweise. Der Begriff des Gemeinwohls scheint auch im Kontext der christlichen Theologien kaum mit einer klaren definitorischen Abgrenzung gebraucht zu werden, so dass Winfried Löffler[118] ihn mit dieser nahezu gleichsetzt. Diese wird im 20. Jahrhundert ganz maßgeblich von lehramtlich-päpstlichen Stellungnahmen im Rahmen der Sozialenzykliken geprägt. Deren Ausrichtung markiert insgesamt einen »Mittelweg zwischen individualistisch-liberalistischen und kollektivistischen Vorstellungen«[119].

Einerseits sind die Ansätze der katholischen Soziallehre in der lehramtlichen Verkündigung insgesamt auf das internationale Verhältnis der Staaten und Kulturen ausgerichtet und bieten dabei wichtige Impulse zur Überwindung kolonialistischer Strukturen – was eigene Lernprozesse zu (post-)kolonialistischen Theologien und Praktiken voraussetzt. Andererseits ergeben sich gerade aus den Beiträgen zur katholischen Soziallehre wichtige Impulse, um zu einem positiven

Verhältnis zu Fragen der Demokratie und der Menschenrechte zu gelangen.

In jüngerer Zeit ergaben sich mit den Sozialenzykliken von Papst Franziskus wichtige Fortführungen dieser Ansätze. Das gilt insbesondere für die Enzyklika »Laudato sí« aus dem Jahr 2015. Dabei greift der Papst das Motiv des »gemeinsamen Hauses« auf und überträgt damit eine antike Idee der sozial-familiären Verbundenheit einer Hausgemeinschaft auf das globale Verhältnis aller Menschen. Vor dem Hintergrund internationaler und globaler Vernetzungen, in den Wirtschaftsbeziehungen, in politischen Bündnissen, in den Herausforderungen globaler Migrationsbewegungen und vor allem im Umgang mit der Klimakrise stellen diese globalen Konzeptionen des Gemeinwohls eine wichtige Weitung des zugrunde zu legenden Gemeinschaftsbegriffs dar.

Kirche im Verbund von »Caring Communities«

In einer gesellschaftlichen Situation, in der bisherige Stabilisierungselemente erodieren und eine Beschränkung auf marktförmige Mechanismen als nicht ausreichend erlebt werden, wächst die Suche nach Konzepten des gemeinsamen Lebens, mit denen die Beschränkung auf Kleingruppen-Solidaritäten überschritten werden kann. Zu diesen Alternativen gehört der Ansatz der »Caring Communities«.

Sie bilden sich durch unterschiedliche Elemente, etwa durch Care-Arbeit. Der Diakoniewissenschaftler Christoph Sigrist verweist darauf, dass die christlich konnotierte Sorge um das leibliche Wohl von Mitmenschen in der haupt- und ehrenamtlichen, der institutionellen und familiären Care-Arbeit zum

Aufbau einer Caring Community maßgeblich beiträgt[120]. Die Frage nach dem Gemeinwohl kann dabei auf die Suche nach »sozialer Nachhaltigkeit«[121] in der Tradition des Soziologen Ferdinand Tönnies Bezug nehmen und hier auf theologische Bestimmungen der Gemeinwohlorientierung in der Sozialethik zurückgreifen.

Dass diese Fragen des gesellschaftlichen Zusammenhaltes und der Verbundenheit mit zentralen Elementen des katholisch-kirchlichen Selbstverständnisses zusammenhängen, zeigt die entscheidende Entwicklung, die mit der Selbstvergewisserung des Zweiten Vatikanischen Konzils möglich wurde. Denn hier wird eine bloße Gegenüberstellung von Kirche und Welt, insbesondere mit der Pastoralkonstitution »Gaudium et spes«, überwunden. Die katholische Kirche versteht sich als Kirche in der Gesellschaft und nimmt ernst, dass sie an deren grundlegenden Entwicklungsprozessen solidarisch und kritisch partizipiert. Sie nimmt also für sich nicht nur eine Position im Gegenüber in Anspruch. Mit diesem »Ortswechsel«[122], entsteht eine neue Verhältnisbestimmung von Kirche und Lebensorten. Kirche wird nicht mehr im Gegenüber zur Gegenwartsgesellschaft bestimmt, sondern in tiefgreifender zeitgenössischer Solidarität.

Die hochgradig ambivalente und missverständliche Rede von einer vermeintlich drohenden »Verweltlichung der Kirche«, wie sie insbesondere von Papst Benedikt XVI. an markanten Stellen seines Pontifikates praktiziert wurde, übersieht die »Verweltlichung« Gottes in seinem Sohn Jesus Christus. Die christliche Überzeugung, dass Gott in Jesus Mensch geworden ist, bewirkt eine inkarnationstheologische Würdigung der Welt. Sie ist nicht etwas, woran Gott handelt, sondern worin Gott handelt und deren Teil er wird. Für die katholische Kirche ergibt sich daher, dass sie Kirche in (!) der Welt ist:

»Nur in der Welt kann das kirchliche Feld an Attraktivität gewinnen, ohne zu vereinnahmen oder auszugrenzen, und für seine Werte werben, multiperspektivisch lernen und das Band des Friedens fördern.«[123]

Damit verbieten sich kulturpessimistische Ansätze ebenso wie ein von Ressentiments bestimmter Blick auf gesellschaftliche Entwicklungen. Stattdessen findet sich die Kirche selbst in der Welt und Gegenwartsgesellschaft, ist Teil von ihr und würdigt die »Welt« als »theologiegenerativen Ereignisort«[124].

Uta Pohl-Patalong ordnet für die evangelische Praktische Theologie sehr markant die Gemeinwohlorientierung in die Prozesse spätmoderner Kirchenentwicklung ein:

»Dass die Kirche sich im Dorf oder im Stadtteil engagiert, aufmerksam ist für das, was Menschen dort brauchen, und sich gemeinsam mit säkularen Einrichtungen um eine Verbesserung der Lebensbedingungen bemüht, erscheint kirchlich Engagierten mehr und mehr als produktiver Weg in die Zukunft.«[125]

Doch geht es hier um mehr, als um ein strategisches Instrument für den eigenen institutionellen Vorteil. Es geht vielmehr um die Etablierung von Grundhaltungen, mit denen sich ungewohnte, je neue »Spielräume«[126] eröffnen. Sie müssen nicht immer sozialdiakonisch[127] bestimmt sein, wenngleich auch sie zu den Bestimmungen einer »extrovertierten Kirche«[128] unabdingbar gehören. Ihre ekklesiologisch-theologischen Grundlagen liegen in der evangelischen Kirchentheorie Christian Grethleins und werden von Ralf Kötter[129] in konkrete Beispiele sozialraumorientierter Pastoral überführt. Der Begriff des Sozialraums ist dabei nicht nur für die kirchliche Praxis, sondern grundlegender für das eigene ekklesiale Selbstverständnis wichtig. Dabei werden Räume, in denen Menschen leben, vor allem durch zwischenmenschliche Beziehungen begründet. So lässt sich etwa auch das Auftreten der Jünger:innen Jesu als Raumkonstruktion verstehen: Sie lassen sich senden, sie suchen neue Wege und Begegnungen und schreiben so in ihrem Auftreten die biblischen Texte weiter.[130] Allerdings fällt schon dabei auf, dass sie nicht nach einem Plan vorgehen. Es gibt offensichtlich keine Strategie einer möglichst effektiven Verkündigung der Botschaft Jesu, wie dies in Kirchentheorien durchscheint, die auf zivilgesellschaftliches Engagement ausgerichtet sind, um »die eigenen Nachbarn auch besser über die kirchlichen Themen und Geschehnisse ins Bild setzen«[131] zu können. In solchen Anliegen entlarvt sich ein institutioneller Selbsterhalt. Durch den Verzicht auf Planung und die Bereitschaft, sich auf chaotische Prozesse einzulassen, wird eine alternative Form der Raumkonstruktion erkennbar. Aus den konkreten Begegnungen und aus den Ereignissen ergeben sich ihre Wege. Und so entsteht ein »third space«[132]. Sie werden also in ihren Raumkonstruktionen fremdbestimmt und geben die Bestimmungshoheit darüber an Mitmenschen und die unterschiedlich verlaufenden Begegnungen ab. Sie öffnen sich also nicht nur für die Belange, für die Fragen und Nöte der Mitmenschen, auf die sie treffen, um dann umso effektiver ihre eigene Agenda verfolgen zu können. Das wäre ein Verständnis, das sich nur scheinbar und vordergründig für die Menschen und Begegnungen interessiert. Es wäre ein strategisches und manipulatives Agieren. Stattdessen geben sie die Bestimmungshoheit über die Wege und Begegnungen ab. Das macht das Risiko einer evangeliumsgemäßen Sendung aus: dass es nicht nur ein strategisches Interesse an den Lebensrealitäten von anderen Menschen gibt, sondern dass es die Bereitschaft gibt, diesen Realitäten eine Autorität zuzugestehen. Dieses Weltverhältnis ist eine grundlegende Infragestellung einer »gewinnorientierten Verwaltung der Welt«[133].

Kirche als Beziehungsfrage

Ein kirchliches Einlassen auf gemeinwohlorientiertes Arbeiten setzt die Bereitschaft zu konkreter Beziehungsarbeit voraus. Nicht die beobachteten Themen, nicht die zu bearbeitenden Herausforderungen stehen am Ausgangspunkt. Vielleicht wird in der absichtslosen Gestaltung von Beziehungen vor Ort jener »Habitus der Schwäche«[134] ausgedrückt, der sich aus dem kirchlichen Ortswechsel ergibt. Mit diesem »Habitus der Schwäche« wird es möglich, Wertschätzung gegenüber anderen gesellschaftlichen und nachbarschaftlichen Akteur:innen auszudrücken, gegenüber der Pluralität von Identitäten und Lebensentwürfen, um dabei zu Kooperationen[135] zu finden. Vielleicht kommt in den aktuellen kirchlichen Reformprozessen das Bewusstsein für den theologischen Gehalt der zwischenmenschlichen Beziehungen kaum noch angemessen zum Ausdruck. Denn dabei dominierenden vielerorts umfassende strukturelle Zentralisierungen und Rückzüge in vermeintliche kirchliche Kernbereiche. Das Motiv des »geselligen Gottes« markiert hier eine wichtige Korrektur:

> »Der Mensch als Geschöpf des geselligen Gottes kann selbst nur wie sein Schöpfer sein – nämlich gesellig. Wie Gott ist er in sich selbst nie genug, sondern existiert ganz nur im Gegenüber.«[136]

Der evangelische Theologe Ralf Kötter hat in seinem Fragen nach einer Kirche, die sich erst im Engagement für das Gemeinweisen selbst findet, ein ekklesiologisches Konzept entwickelt, das Kirche im Modus der »Komplementarität«[137] zur Gesamtgesellschaft sieht. Mit dem Begriff deuten sich für ihn sowohl Ansätze der »Komplizenschaft« als eine Art der »Verschwörung zum Leben«, wie auch das »Kompliment« gegenüber allen Zeitgenoss:innen an. Kötter zeichnet nicht nur problematische Formen kirchlichen Lebens nach, die sich vor allem durch Abgrenzungsmechanismen und gemeindliche Binnenorientierungen auszeichnen. Er entwirft dabei die positive Bestimmung einer gesellschaftskomplementären Kirche. Es ist das Gegenteil einer Kirche also bloße Kontrastgesellschaft und zielt statt auf Abgrenzungen auf eine umfassende Solidarisierung mit allen Zeitgenoss:innen ab.

Mit allen Menschen – mit allen Geschöpfen

Im Bemühen um die Bestimmung eines politischen Gemeinwohlbegriffs wird im Rückgriff auf den Philosophen John Rawls auf die Deformationen und Beschädigungen des Zusammenlebens durch eine ungezügelte Wachstumslogik eines ungebremsten Kapitalismus und seiner gesellschaftlichen Hegemonialität[138] verwiesen. Für den nordamerikanischen Kulturraum gelangt Jedediah Purdy zu einer notwendigen Neubestimmung des Begriffs des »Commonwealth« und des ihm zugrundeliegenden, meist nicht näher bestimmten Freiheitsbegriffs:

> »Die Freiheit dieser Gemeinschaft hieße nicht: frei sein von der Verantwortung für die Folgen meines Handelns. Sie

hieße nicht: frei sein vom Angewiesensein auf andere oder von der Verantwortung für meinen Nächsten. Es wäre die Freiheit, die Ergebnisse meines Tuns gutheißen zu können und meine Verantwortung für und mein Angewiesensein auf andere ohne Gram und Ressentiment anzuerkennen.«[139]

Die Freiheit als Verantwortung nimmt dabei die Folgen des eigenen Lebensstils für alle Geschöpfe und die daraus resultierende Verantwortung, entsprechend dem grundlegenden »Mitsein« des Menschen, auf. So kommt eine Form der umfassenden Verbundenheit aller Menschen und aller Geschöpfe zum Ausdruck:

»Voraussetzung für ein echtes Gemeinwesen ist eine Lebensweise, in der unser Überleben und Gedeihen nicht auf der (konstanten, unfreiwilligen) Ausbeutung anderer beruht, in der stattdessen dein Wohlstand die Voraussetzung für meinen ist.«[140]

In dieser Einordnung verbinden sich die gemeinwohlorientierten Anliegen und das Bemühen um umfassende Nachhaltigkeit mit der Bestimmung eines kirchlichen Selbstverständnisses, das nicht auf die Sicherung des eigenen Fortbestehens ausgerichtet ist.

»Community Organizing« als pastorale Vorlage

Mit dem Ansatz des Community Organizing[141], der auf die US-Amerikaner Saul D. Alinsky und Robert Fischer zurückgeht und in Deutschland insbesondere von Leo Penta[142] weiterentwickelt wurde, sei ein konkreter Ansatz für die Ausgestaltung gemeinwohlorientierten Agierens vorgestellt.

Hatte Robert Fischer die Bewegung der Nachbarschaftshilfe[143] weiterentwickelt, die Ende des 19. Jahrhunderts in amerikanischen Großstädten entstanden war, ging Alinsky seit den 1930er-Jahren weiter und organisierte in den Stadtteilen von Chicago Bürgerforen.[144] Er entwickelte eine Form radikaler Selbsthilfe als grundlegende Erwachsenenbildung. Im Zentrum steht dabei die Überwindung eines Milieu- und Ghettodenkens, das sich bei den unterschiedlichen Gruppen von Immigrant:innen in den US-amerikanischen Großstädten seiner Zeit findet. Die Ghettobildung dient zunächst der wirtschaftlichen Hilfe und kulturellen Stabilisierung, wird aber mit zunehmendem beruflichem Erfolg, mit Aufstiegsnarrativen und kultureller Assimilation überwunden. In den verarmten Stadtteilen Chicagos lernt Alinsky jedoch auch schnell, dass es hier nicht nur um klassische Sozialarbeit gehen kann. In Orientierung an den Organisationsformen und Strukturen von Gewerkschaften will er die unterschiedlichen Organisationen in den Stadtteilen zusammenbringen. So gelangen in einem ersten »Council« Gewerkschaften und katholische Kirche an einen Tisch und erreichen erste entscheidende Verbesserungen für die Bevölkerung. An die Stelle der individuellen und familiären Hilfe tritt hier das Anliegen, einen Stadtteil so zu organisieren, dass gegenseitige Unterstützung und effektive Verbesserungen der Lebensverhältnisse entstehen. Damit tritt Alinsky in deutliche Opposition zu den etablierten Wohlfahrtsorganisationen, die keine nachhaltige Veränderung gesellschaftlicher Verhältnisse und keine Bewusstseinsbildung der betroffenen Bevölkerung anzielten. Mit seinem Einsatz für strukturelle Veränderungen und nachhaltige Bewusstseinsänderungen gilt Alinsky als einer der Wegbereiter der amerikanischen Bürgerrechtsbewegung. Zu deren zentralen Elementen muss nach Ansicht Alinskys eine milieuübergreifende Verbundenheit der gesellschaftlichen Schichten gehören, weil bislang die Perspektivlosigkeit der Unterschicht und die Abstiegsängste der Mittelschicht zu gegenseitigen Abgrenzungen und Konkurrenzmentalität geführt haben. Er versucht dagegen, das Bewusstsein für eine umfassende, die Milieus und Klassen übergreifende Solidarität zu etablieren:

> »Die ›have-nots‹ sind auf die Unterstützung der Mittelklasse, der sogenannten ›have-a-little-and-want-mores‹, angewiesen. Im Gegenzug ist wiederum auch die Mittelklasse, so Alinskys Analyse, deren Mitglieder ständig vom sozialen Abstieg bedroht sind, auf die Unterstützung der Unterschicht angewiesen.«[145]

Im Jahr 1997 nahm der amerikanische Theologe und Soziologe Leo Penta in Deutschland seine Arbeit auf und etablierte den Ansatz des »Community Organizing«. Es kam zur Gründung eines eigenen Instituts (DICO: Deutsches Institut für Community Organizing) und schrittweise zur Arbeit von Bürger:innenplattformen mit einem Schwerpunkt in Berlin. Zur Etablierung von Bürger:innenplattformen werden zunächst die Verantwortlichen (»Leaders«) verschiedener im Stadtteil anzutreffenden Organisationen für Kooperationen gewonnen, um dann eine langfristige Form der Zusammenarbeit zu finden (im Unterschied zu befristeten Initiativen).

Dass – ganz in der Tradition Alinskys – zu diesen Bürger:innenplattformen auch Konflikte mit städtischen Verwaltungen, Wohnungsbaukonzernen oder Industrieunternehmen gehören, wie auch provokative Protestformen und Aktionen der Öffentlichkeitsarbeit, erscheint zunächst mit kirchlicher Arbeit weniger kompatibel. Ein in der Gemeindetheologie des 20. Jahrhunderts entwickelter Gemeinschaftsgedanke ist in vielen Kirchengemeinden noch mit einem harmoniebetonten Habitus verknüpft und bedingt vielerorts ein relativ geringes Bewusstsein für die politische Verantwortung von Kirchengemeinden. Das häufig gering ausgeprägte sozialpastorale Bewusstsein innerhalb der gemeindepastoralen Arbeit der katholischen Kirche beschränkt sich auf soziale Projekte von einzelnen Gemeinden oder Initiativen und einen überbordenden Fokus auf liturgische Angebote sowie klassische gemeindepastorale Aktivitäten. Diese Tendenz der Gemeindetheologie verstärkt sich in der Kirchenkrise des 21. Jahrhunderts, weil Personalmangel sowie Rückgang finanzieller Mittel und die Überalterung von Haupt- und Ehrenamtlichen vielerorts zur Fokussierung auf vermeintliche »Kerngeschäfte« führen, ohne dass diese überhaupt jemals in einem gemeinsamen Diskurs definiert worden wären. Der flächendeckende Rückgang sozialpastoraler Arbeit auf Ebene der Ortsgemeinden in der katholischen Kirche ist ebenso eine Folge dieser Entwicklung wie die weitgehende Abwicklung einer professionellen Arbeitnehmer:innenseelsorge in fast allen deutschen Diözesen. Wo aber die Aufmerksamkeit für die Situation von osteuropäischen Erntehelfer:innen, für die Lkw-Fahrer:innen auf Autobahnrasthöfen, für Pflegekräfte oder die Situation von Migrant:innen ohne »Aufenthaltstitel« nicht im Fokus kirchlicher Pastoral liegen, entsteht der Eindruck, dass zum vermeintlichen Kerngeschäft vor allem der eigene gemeindliche und diözesane Selbsterhalt gehört. Dementsprechend gering ausgebildet ist in vielen Kirchengemeinden das Bewusstsein für stadtteilbezogene Themen und Netzwerke. Und es verwundert vor diesem Hintergrund kaum, dass der in den USA entstandene

Ansatz des Community Organizing, der maßgeblich von Leo Penta in den Kontext der katholischen Kirche in Deutschland transferiert wurde, fast ausschließlich in den Bereichen der Sozialarbeit und Diakonie/Caritas rezipiert wurde. Bevor der Frage nach seiner Übertragung in das Verständnis pastoralen Arbeitens nachgegangen wird, sollen zunächst die Grundzüge des Ansatzes skizziert werden:

Mit dem in Berlin entstandenen Institut werden eine Reihe von Arbeitsmaterialien und Ausbildungskurse für »Community Organizer« angeboten. Die Arbeitsschritte beginnen mit einem »Zuhörprozess«, in dem zunächst die Lebens- und Arbeitssituationen in einem Stadtteil oder einer Region erhoben und zentrale Fragestellungen der Bevölkerung identifiziert werden. Hilke Reichers macht dabei in der Haltung der Akteur:innen eine wichtige Grundlage des initiierten Prozesses aus:

> »Der/Die Organizer/in ist hier nicht in der ›ersten Reihe‹, sondern stärkt die engagierten Bürger/innen, damit sie als Vertretung der Betroffenen agieren können. Ein Aktionskern muss sich finden mit Menschen, die Verantwortung übernehmen wollen und (Eigen-)Interesse an dem Thema haben.«[146]

Die hier ausgedrückte Bereitschaft, sich subsidiär in den Dienst anderer Engagierter zu stellen und sich auf die Bildung von Bürger:innenplattformen auszurichten, wird uns später wieder begegnen. Sie drückt eine Haltung aus, die auf die Pflege des eigenen Profils zu verzichten bereit ist und sich von anderen Akteur:innen weitgehend in Dienst nehmen lässt.

Erst auf dieser Grundlage kommt es in einem zweiten Schritt zur Entwicklung von Strategien zur Bearbeitung der identifizierten Fragestellungen. Dabei entsteht eine unterstützende Haltung der Organizer:innen, um auch mit logistischen Hilfestellungen den weiteren Verlauf zu unterstützen und zu stabilisieren. In der dritten Phase werden die entworfenen Strategien in konkrete Projekte gemeinsamen Handelns überführt. Neben der weiteren Suche nach Kooperationspartner:innen und dem Einbinden möglichst vieler Menschen gehört zu dieser Phase auch die Öffentlichkeitsarbeit. In einem vierten Schritt wird nach einer Einbindung des Projektes in langfristige und nachhaltige Veränderungsprozesse gesucht, um Menschen dauerhaft für die partizipativen Gestaltungsprozesse zu gewinnen und die weitergehende Entwicklung einer Beziehungskultur[147] zu ermöglichen. So können anhaltende Lernprozesse und Prozesse der Bewusstseinsbildung zur Übernahme von Mitverantwortung initiiert und etabliert werden.[148]

Eine kirchliche Praxis, die sich auf die Begegnungen mit Zeitgenoss:innen einlässt, dem Austausch vor jeglicher Themensetzung Priorität gewährt und sich im Verzicht auf die eigene Profilpflege in Diskurse auch auf lokale Problemfelder einlässt, wird von diesem Aufbruch ihrerseits geprägt. Es ist diese Prägung, die den auf Abschottung und Absonderung ausgerichteten ekklesiologischen Konzepten einer überzogenen Sakralität ein Graus sind. Deren Vertreter:innen wittern hier problematische Verweltlichungen, Angleichungen an die Vorstellung von einem »Zeitgeist«, der mit einem moralischen oder religiösen Verfall gleichgesetzt wird. Ein sich von der Gegenwartsgesellschaft her erschließendes Kirchenverständnis wird hingegen erleben, dass der »Kirche nichts Menschliches fremd ist«[149]. Jürgen Werbick verweist darauf, dass diese geöffnete Konzeption von Kirche Erschütterungen mit sich bringt:

»Es kann ihr geschehen, dass sich das Gefüge ihrer Lehren und institutionellen Gegebenheiten lockert und verändert, weil menschliches Wissen, Sich-selbst- und Die-Welt-Verstehen dazu zwingen, Altüberliefertes neu zu verstehen.«[150]

Wo kirchliche Akteur:innen sich auf das Wagnis gemeinwohlorientierter[151] Pastoral einzulassen beginnen, bedeutet das insbesondere vor dem Hintergrund einer katholisch-konfessionellen Realität die Notwendigkeit des Spagats. Die institutionelle Struktur der katholischen Kirche ist mit ihrer hierarchischen Verfasstheit und ihren relativ schwach ausgeprägten synodalen Strukturen und Partizipationsofferten scheinbar das Gegenteil breit angelegter, offener und partizipativer Prozesse. Ihre synodalen Strukturen sind bislang aber am ehesten auf lokaler und regionaler Ebene der Pfarreien etabliert und rechtlich abgesichert. Wo Haupt- und Ehrenamtliche im Bewusstsein einer gemeinwohlorientierten Pastoral Kooperationen suchen, entstehen Prägungen, aus denen sich auf allen kirchlichen Handlungsebenen Erwartungen und Forderungen für mehr Synodalität und gleichberechtigte Partizipation ergeben. Die Kooperationen machen die Diskrepanz zwischen gesellschaftlichen Gerechtigkeitsstandards und kirchlichen Ressentiments gegenüber den Freiheitsgewinnen moderner Gesellschaften für die Einzelnen schwer erträglich und erhöhen damit den innerkirchlichen Reformdruck. Die lokalen Kooperationen werden zu »nervösen Anschlussstellen an die Existenzfragen der Gegenwart«[152]. Sie wirken als Lernorte für den persönlichen Umgang und die Nivellierung undemokratischer Autoritäten und fragwürdige Stile der Amtsführung.

Eine Kirche, die sich »gesellig« auf die Begegnungen und Diskurse mit allen Mitmenschen ihrer Zeit einlässt, geht das

Risiko ein, von diesen mitgeprägt zu werden. Genau das ist jedoch zu erhoffen, weil die katholische Kirche darin erst risikofreudig zu sich selbst findet – an der Seite aller Menschen, die in der Optionenvielfalt spätmoderner Gesellschaften das nachhaltige Gestalten des gemeinsamen Lebens anzugehen haben. Es bleibt mit Lust und Risikofreude: ein Sprung in den Staub!

Anmerkungen

1. Seewald, Michael, Reform. Dieselbe Kirche anders denken, Freiburg/B. 2019, 74.
2. Rahner, Karl, Der Tutiorismus des Wagnisses, in: Sämtliche Werke Bd. 19: Selbstvollzug der Kirche (zuerst veröffentlicht in: Ders./Arnold, Franz Xaver/Schurr, Viktor/Weber, Leonhard M. (Hg.), Handbuch der Pastoraltheologie. Praktische Theologie der Kirche in ihrer Gegenwart (Band II/1), Freiburg/B.-Basel-Wien 1966, 274–276) Freiburg/B. 1995, 313–316, 314.
3. Vgl. Batlogg, Andreas R., Tutiorismus des Wagnisses – jetzt!, in: StZ 140 (2015) 10, 649–650.
4. Bauer, Thomas, Die Vereindeutigung der Welt. Über den Verlust an Mehrdeutigkeit und Vielfalt, Ditzingen ^{4}2018, 30.
5. Nassehi, Armin, Der Ausnahmezustand als Normalfall. Modernität in der Krise, in: Ders./Felixberger, Peter (Hg.), Krisen lieben (Kursbuch Nr. 170), Hamburg 2012, 34–49, 42.
6. Fleury, Cynthia, Hier liegt Bitterkeit begraben. Über Ressentiments und ihre Heilung, Berlin ^{2}2023, 38.
7. Fleury, Bitterkeit, 186.
8. Vgl. Kaube, Jürgen / Kieserling, André, Die gespaltene Gesellschaft, Berlin 2022.
9. Hartmann, Martin, Vertrauen. Die unsichtbare Macht, Frankfurt a.M. 2020, 247.
10. Vgl. Gross, Peter, Multioptionsgesellschaft, Frankfurt am Main ^{3}1995.
11. Vgl. Reckwitz, Andreas, Gesellschaft der Singularitäten. Zum Strukturwandel der Moderne, Berlin ^{4}2017.
12. Reckwitz, Andreas, Das Ende der Illusionen. Politik, Ökonomie und Kultur in der Spätmoderne, Berlin ^{5}2020, 219.
13. Reckwitz, Gesellschaft der Singularitäten, 351.
14. Vgl. Nachtwey, Oliver, Die Abstiegsgesellschaft. Über das Aufbegehren in der regressiven Moderne, Berlin ^{8}2018, 161.
15. Bude, Heinz, Die Ausgeschlossenen. Das Ende vom Traum einer gerechten Gesellschaft, Bonn 2008, 114.
16. Bude, Die Ausgeschlossenen, 116.
17. Bude, Heinz, Gesellschaft der Angst, Hamburg 2014, 11.
18. Vgl. Nassehi, Armin, Muster. Theorie der digitalen Gesellschaft, München 2019, 174.
19. Schlette, Magnus, Die Idee der Selbstverwirklichung. Zur Grammatik des modernen Individualismus, Frankfurt a.M. 2013, 190.
20. Han, Byung-Chul, Müdigkeitsgesellschaft – Burnoutgesellschaft – Hoch-Zeit, Berlin 2016, 65.
21. Han, Müdigkeitsgesellschaft, 81.
22. Han, Müdigkeitsgesellschaft, 81.
23. Han, Byung-Chul, Topologie der Gewalt, Berlin ^{2}2012, 17.
24. Vgl. Han, Topologie, 52.
25. Han, Topologie, 117.

26 Wussow, Philipp von, Expertokratie. Über das schwierige Verhältnis von Wissen und Macht, Heidelberg 2023, 44.
27 Rosa, Hartmut, Weltbeziehungen im Zeitalter der Beschleunigung. Umrisse einer neuen Gesellschaftskritik, Berlin 2012, 269.
28 Vgl. Keupp, Heiner, Identitätskonstruktionen. Das Patchwork der Identitäten in der Spätmoderne, Reinbek 2002.
29 Vgl. Reckwitz, Gesellschaft der Singularitäten, 297.
30 Vgl. Nussbaum, Martha, Königreich der Angst. Gedanken zur aktuellen politischen Krise, Darmstadt 2019.
31 Bude, Gesellschaft der Angst, 59.
32 Vgl. Stalder, Felix, Kultur der Digitalität, Berlin 2016.
33 Nida-Rümelin, Julian / Weidenfeld, Nathalie, Die Realität des Risikos. Über den vernünftigen Umgang mit Gefahren, München ³2021, 21.
34 Luhmann, Niklas, Soziologie des Risikos, Berlin 2003, 32.
35 Vgl. Beck, Ulrich, Risikogesellschaft. Auf dem Weg in eine andere Moderne, Frankfurt a.M. 1986.
36 Vgl. Beck, Ulrich, Weltrisikogesellschaft, Frankfurt a.M. 2008.
37 Beck, Risikogesellschaft, 52.
38 Beck, Risikogesellschaft, 77: »Tatsache ist, dass wir in einer Risikogesellschaft leben, die von wissenschaftlich-technischem Fortschritt und den damit einhergehenden Chancen und Gefahren geprägt ist. Wenn man als Maß des Risikos die Lebenserwartung heranzieht, müsste man zu dem Schluss kommen, dass die Gefahren, denen wir ausgesetzt sind, seit Jahrzehnten, allenfalls regional unterbrochen von Naturkatastrophen und Kriegen, global sinken.«
39 Vgl. als Überblick: Vgl. Renn, Ortwin / Schweizer, Pia-Johanna / Dreyer, Marion / Klinke, Andreas, Risiko. Über den gesellschaftlichen Umgang mit Unsicherheit, München 2007.
40 Renn, Ortwin, Das Risikoparadox. Warum wir uns vor dem Falschen fürchten, Frankfurt a.M. 2014, 585.
41 Nassehi, Armin, Die letzte Stunde der Wahrheit, Hamburg 2017, 9.
42 Nussbaum, Königreich der Angst, 65.
43 Bonß, Wolfgang, Vom Risiko. Unsicherheit und Ungewißheit in der Moderne, Hamburg 1995, 94.
44 Illouz, Eva, Warum Liebe weh tut, Berlin ²2019, 102.
45 Vgl. Dufourmantelle, Anne, Lob des Risikos. Ein Plädoyer für das Ungewisse, Berlin 2018.
46 Hoffmann, Veronika, Glaubensverunsicherungen? Beobachtungen zum religiösen Zweifel, Ostfildern 2024, 415.
47 Joas, Hans, Warum die Kirche? Selbstoptimierung oder Glaubensgemeinschaft, Freiburg i. B. 2022, 114.
48 Vgl. Joas, Hans, Glaube als Option. Zukunftsmöglichkeiten des Christentums, Freiburg i. B. 2012.
49 Vgl. Stalder, Kultur der Digitalität.
50 Nassehi, Armin, Muster. Theorie der digitalen Gesellschaft, München 2019, 42.
51 Beck, Risikogesellschaft, 162.

52 Vgl. Wucherpfennig, Ansgar, Wie hat Jesus Eucharistie gewollt? Ein Blick zurück nach vorn, Ostfildern 2021.
53 Perniola, Mario, Vom katholischen Fühlen, Berlin 2013, 27.
54 Hoff, Gregor Maria, In Auflösung. Über die Gegenwart des römischen Katholizismus, Freiburg i. B. 2023, 54.
55 Hoff, In Auflösung, 187.
56 Hoff, In Auflösung, 65.
57 Hoff, In Auflösung, 68.
58 Vgl. Szymanowski, Björn / Jürgens, Benedikt / Sellmann, Matthias, Dimensionen der Kirchenbindung. Meta-Studie, in: Etscheid-Stams, Markus / Laudage-Kleeberg, Regina / Rünker, Thomas (Hg.), Kirchenaustritt – oder nicht? Wie Kirche sich verändern muss, Freiburg i. B. 2018, 57–124.
59 Jullien, François, Ressourcen des Christentums. Zugänglich auch ohne Glaubensbekenntnis, Gütersloh 2019, 24.
60 Jullien, Ressourcen, 23.
61 Odenthal, Andreas, Ritualisierte Erfahrung. Zu Ambiguitäten des Rituellen, Identitäten christlicher Liturgie und symbolisierten Sinnentwürfen, in: Sautermeister, Jochen / Blumenthal, Christian / Hornung, Christian / Roebben, Bert (Hg.), Ambiguitäten – Identitäten – Sinnentwürfe. Theologische Analysen und Perspektiven, Freiburg i. B. 2023, 200–216, 215.
62 Söding, Thomas, Umkehr der Kirche. Wegweiser im Neuen Testament, Freiburg i. B. 2014, 68.
63 Ouellet, Marc, Charismen. Eine Herausforderung, Freiburg i. B. 2011, 55.
64 Hasenhüttl, Gotthold, Charisma. Ordnungsprinzip der Kirche, Freiburg i. B. 1969, 355.
65 Vgl. Bauer, Thomas, Die Vereindeutigung der Welt. Über den Verlust der Mehrdeutigkeit und Vielfalt, Ditzingen ⁴2018.
66 Vgl. Kirchhoff, Thomas / Köchy, Kristian, Diversität als Kategorie, Befund und Norm. Begriffs- und ideengeschichtliche Grundlagen der aktuellen Biodiversitätsdebatte, in: Diess. (Hg.), Wünschenswerte Vielheit. Diversität als Kategorie, Befund und Norm, Freiburg i. B. – München 2016, 9–22.
67 Vgl. Abdelhamid, Rames, Die Unübersichtlichkeit der Demokratie. Ein Dilemma spätmoderner demokratischer Systeme, Bielefeld 2017, 293–301.
68 Wucherpfennig, Ansgar, Wie hat Jesus Eucharistie gewollt? Ein Blick zurück nach vorn, Ostfildern 2021, 107.
69 Striet, Magnus, Für eine Kirche der Freiheit. Den Synodalen Weg konsequent weitergehen, Freiburg i. B. 2022, 126.
70 Vgl. Beck, Wolfgang, Ohne Geländer. Pastoraltheologische Fundierungen einer risikofreudigen Ekklesiogenese, Ostfildern ²2021, 243.
71 Vgl. Gaillot, Jacques, »Eine Kirche, die nicht dient, dient zu nichts.« Erfahrungen eines Bischofs, Freiburg i. B. ⁵1995.
72 Reckwitz, Andreas, Unwiederbringlich verloren. Verluste soziologisch gesehen, in: Forschung & Lehre 30 (2023) 10, 758–760, 760.
73 Frühmorgen, Peter, Nach draußen gehen. Unterwegs zu einer dynamisierten Pastoral und zu einer Kirche als lernende Organisation, in: Ders. / Fleckenstein,

74 Felix/Klug, Florian/Sauer, Verena (Hg.), Perspektiven einer lernenden Theologie. Das Fremde als Impulsgeber, Würzburg 2023, 171–195, 179.

74 Rohner, Martin, Fragiles Transzendenzvertrauen. Eine religionsphilosophische Spurensuche im säkularen Zeitalter, in: Walser, Stefan (Hg.), Fehlt Gott? Eine Spurensuche, Ostfildern 2023, 91–114, 110.

75 Illich, Ivan, Kirche ohne Macht. Beiträge zur Feier des Wandels, Münster 2023, 49.

76 Ebd. 48.

77 Vgl. Lale Artun/u.a., in: Die ZEIT 36 (24.08.2023), 57–61.

78 Vgl. Schwermer, Marion, Bestimmt handeln. Entschiedenheit aus christlicher Existenz im pastoralen Feld der Gegenwart. Eine empirische Untersuchung, Würzburg 2019.

79 Schockenhoff, Eberhard, Entschiedenheit und Widerstand. Das Lebenszeugnis der Märtyrer, Freiburg i. B. 2015, 99.

80 Steinkamp, Hermann, Parrhesia-Praxis. Über »Wahrheit zwischen uns«, in: PThI 24 (2004) 2, 232–248, 233.

81 Leppin, Hartmut, Paradoxe der Parrhesie, Tübingen 2022, 172.

82 Vgl. zu dieser Annahme: Gerl-Falkovitz, Hanna-Barbara, Der Beitrag des Christentums zur Weltkultur, in: Prenner, Karl/Heimerl, Theresia (Hg.), Macht – Religion – Kultur. Können die Weltreligionen einen Beitrag zur Bildung einer Weltkultur leisten?, Innsbruck 2004, 113–136, 132.

83 Theobald, Christoph, Hören, wer ich sein kann. Einübungen, Ostfildern 2018, 197.

84 Boehm, Omri, Radikaler Universalismus. Jenseits von Identität, Berlin 2022, 135.

85 Vgl. Wimmer, Reiner, Simone Weils christlicher Universalismus, in: Stimmen der Zeit 227 (2009) 2, 75–85.

86 Pfadenhauer, Michaela, Zwischenräume. Pluralität als Herausforderung (nicht nur) für Religion in der Moderne, in: Lehner-Hartmann, Andrea/Pirker, Viera (Hg.), Religiöse Bildung – Perspektiven für die Zukunft. Interdisziplinäre Impulse für Religionspädagogik und Theologie, Ostfildern 2021, 23–33, 25.

87 Markschies, Christoph, Adventskranz oder Weihnachtsbaum? Präzise Zeitdiagnosen sind wichtig, nicht nur beim Weihnachtsschmuck, www.zeitzeichen.net/node/10910 (zuletzt aufgerufen am 15.1.2024)

88 Kläden, Tobias, Die 6. Kirchenmitgliedschafts-Untersuchung: Ambivalente Ergebnisse, feinschwarz.net/13.12.2023 (zuletzt aufgerufen: 15.01.2024).

89 Vgl. Strube, Sonja Angelika, Religiöse Stile und Vorurteiligkeit: Hintergrundwissen (nicht nur) für konfessionelle Träger Sozialer Arbeit, 91-104, 95.

90 Derks, Frank/Lans, Jan M. van der, Die ›Religious Life Inventory‹: Probleme zur Erweiterung des Anwendungsbereichs, in: Archiv für Religionspsychologie 18 (1988) 1, 267–279, 271.

91 Vgl. Flebbe, Jochen, Partikularismus und Universalismus. Konzeptionen von Heil für andere im Alten Testament und im (antiken) Judentum – und ein Blick auf das (frühe) Christentum, in: Ders./Konradt, Matthias (Hg.), Ethos und Theologie im Neuen Testament (FS Michael Wolters), Neukirchen-Vluyn 2016, 1–36.

⁹² Fuchs, Ottmar, Sakramente – immer gratis, nie umsonst, Würzburg 2015, 51.
⁹³ Striet, Magnus, Für eine Kirche der Freiheit. Den Synodalen Weg consequent weitergehen, Freiburg i. B. 2022, 126.
⁹⁴ Nancy, Jean-Luc, Noli me tangere, Zürich 2018, 22.
⁹⁵ Ebd., 21.
⁹⁶ Ebd., 66.
⁹⁷ Walter, Silja, Spiritualität II (Gesamtausgabe Bd. 10), Freiburg i. S. 2005, 525.
⁹⁸ Adolphs, Markus, Die Menschwerdung Gottes als Anerkennungsgeschehen. Das Inkarnationsverständnis Wolfhart Pannenbergs in der Perspektive einer nachmetaphysischen Anerkennungstheorie, Regensburg 2023, 389.
⁹⁹ Collet, Jan Niklas, Die Theologie der Befreiung weiterschreiben. Ignacio Ellacuría im Gespräch mit dem dekolonialen und postkolonialen Feminismus, Regensburg 2024, 321.
¹⁰⁰ Bauer, Christian, Martyrium im Volk Gottes? Politische Theologie nach dem 11. September 2001, in: Bucher, Rainer / Krockauer, Rainer (Hg.), Pastoral und Politik, 39–61, 41.
¹⁰¹ Först, Johannes, »Die Wirklichkeit ist wichtiger als die Idee« (Franziskus). Zu einem Not wendenden pastoralen Paradigmenwechsel am Beispiel von *Evangelii gaudium* und *Gaudet mater ecclesia*, in: Ders. / Schmitz, Barbara (Hg.), Lebensdienlich und Überlieferungsgerecht. Jüdische und christliche Aktualisierungen der Gott-Mensch-Beziehungen (FS Heinz-Günther Schöttler), Würzburg 2016, 263–280, 265.
¹⁰² Loffeld, Jan, Wenn nichts fehlt, wo Gott fehlt. Das Christentum vor der religiösen Indifferenz, Freiburg i. B. 2024, 34.
¹⁰³ Caputo, John D., Die Torheit Gottes. Eine radikale Theologie des Unbedingten, Ostfildern 2022, 21.
¹⁰⁴ Frühmann, Jakob, Als Christ zur See? Reflexionen über ein heikles Fahrwassser, in: Journal für Entwicklungspolitik XXXVII (2021) 3, 117–126, 120.
¹⁰⁵ Caputo, Die Torheit Gottes, 22.
¹⁰⁶ Claussen, Johann Hinrich, Über den Takt in der Religion. Fundstücke – Glaubenssachen, Stuttgart 2020, 155.
¹⁰⁷ Ebd.
¹⁰⁸ Vgl. Geilhufe, Justus, Die atheistische Gesellschaft und ihre Kirche, München 2023.
¹⁰⁹ Skudlarek, Jan, Wenn jeder an sich denkt, ist nicht an alle gedacht. Streitschrift für ein neues Wir, Stuttgart 2023, 158.
¹¹⁰ Beck, Ohne Geländer, 336.
¹¹¹ Schüßler, Michael, Hybride Komplizenschaften entlang robuster Existenzfragen. Wissenschaftstheoretische Bestandsaufnahmen (katholischer) Praktischer Theologie, in: Schlag, Thomas / Schröder, Bernd (Hg.), Praktische Theologie und Religionspädagogik. Systematische, empirische und thematische Verhältnisbestimmungen, Leipzig 2020, 433-455, 446.
¹¹² Vgl. Ziemer, Gesa, Komplizenschaft. Neue Perspektiven auf Kollektivität, Bielefeld 2013.
¹¹³ Vgl. Abdelhamid, Rames, Die Unübersichtlichkeit der Demokratie. Ein Dilemma spätmoderner demokratischer Systeme, Bielefeld 2017, 293–301.

[114] Grunwald, Armin, Die Frage nach einem guten Anthropozän, in: www.feinschwarz.net/15.01.2024, (15.01.2024)

[115] Münkler, Herfried / Harald Bluhm, Einleitung. Gemeinwohl und Gemeinsinn als politisch-soziale Leitbegriffe, in: Diess. (Hg.), Gemeinwohl und Gemeinsinn. Historische Semantiken und Leitbegriffe, Berlin 2001, 9–30, 15.

[116] Niebaum Christian, Gemeinwohldenken im 20. und 21. Jahrhundert, in: Ders. (Hg.), Handbuch Gemeinwohl, Wiesbaden 2022, 37–86, 75.

[117] Kielmansegg, Peter, Gemeinwohl und Weltverantwortung, Stuttgart 2022, 15.

[118] Löffler, Winfried, Christliche Gemeinwohlkonzeptionen, in: Niebaum Christian (Hg.), Handbuch Gemeinwohl, Wiesbaden 2022, 275–291, 277.

[119] Löffler, Christliche Gemeinwohlkonzeptionen, 279.

[120] Sigrist, Christoph, Die theologische Perspektive einer Caring Community, in: Sempach, Robert / Steinebach, Christoph / Zängl, Peter (Hg.), Care schafft Community – Community braucht Care, Wiesbaden 2023, 133–145, 134.

[121] Vgl. Opielka, Michael, Gemeinschaft und Soziale Nachhaltigkeit. Zur Aktualität der Fragestellung von Tönnies, in: Haselbach, Dieter (Hg.), Ferdinand Tönnies und die Debatte um Gemeinwohl und Nachhaltigkeit, Wiesbaden 2023, 57–80.

[122] Sander, Hans-Joachim, Theologischer Kommentar zur Pastoralkonstitution über die Kirche in der Welt von heute »Gaudum et spes«, in: Hilberath, Bernd / Hünermann, Peter (Hg.), Herders Theologischer Kommentar zum Zweiten Vatikanischen Konzil (Bd. 4), Freiburg/B. 2005, 581–886, 729.

[123] Ebertz, Michael N., Entmachtung. 4 Thesen zu Gegenwart und Zukunft der Kirche, Ostfildern 2021, 127.

[124] Hillebrand, Bernd / Quisinsky, Michael, Kirche und Welt – neu entgrenzt. Auf dem Weg mit einer angewandten Ekklesiologie, Ostfildern 2022, 238.

[125] Pohl-Patalong, Uta, Gemeinsame Lebensräume. Warum Kirche und Diakonie sich im Gemeinwesen engagieren sollten, in: Zeitzeichen 4 (2020), 20–24, 22.

[126] Kötter, Ralf, Im Lande Wir. Geschichten zur Menschwerdung für eine Kirche im Gemeinwesen, Leipzig 2020, 19.

[127] Dietz, Alexander, Theologische Begründungen der Gemeinwesendiakonie, in: Ders. / Höver, Hendrik (Hg.), Gemeinwesendiakonie und Unternehmensdiakonie, Leipzig 2019, 9–29, 14.

[128] Kötter, Im Lande Wir, 56.

[129] Kötter, Im Lande Wir, 22. Vgl. Kötter, Ralf, Gott führte mich hinaus ins Weite, denn er hatte Lust zu mir. Plädoyer für sozialraum- und gemeinwesenorientierte Quartiersarbeit in Kirche und Gemeinde, in: Junge Kirche 76 (2015) 3, 38–39.

[130] Vgl. Brand, Fabian, Das offene Ende der Apostelgeschichte. Impulse für eine Pastoral der (sozialen) Raumkonstruktion, in: ZPTh 41 (2021) 2, 185–199, 194.

[131] Schleifenbaum, Adrian Micha, Kirche als Akteurin der Zivilgesellschaft. Eine zivilgesellschaftliche Kirchentheorie dargestellt an der Gemeinwesendiakonie und den Fresh Expressions of Church, Göttingen 2021, 282.

[132] Brand, Ende, 196.

[133] Bucher, Rainer, Es ist nicht gleichgültig, an welchen Gott man glaubt. Theologisch-biographische Notizen, Würzburg 2022, 98.

[134] Kötter, Im Lande Wir, 27.

135 Vgl. Kötter, Im Lande Wir, 56.
136 Kötter, Im Lande Wir, 70.
137 Kötter, Im Lande Wir, 165.
138 Vgl. Bucher, Rainer, Pastoral im Kapitalismus, Würzburg 2020.
139 Purdy, Jedediah, Die Welt und wir. Politik im Anthropozän, Berlin 2020, 13.
140 Purdy, Die Welt und wir, 166.
141 Vgl. Meier, Tobias, Community Organizing und kommunale Religionspolitik in der postsäkularen Stadt, Münster 2024.
142 Vgl. Penta, Leo, Die Macht der Solidarität, in: Ders. (Hg.), Community Organizing. Menschen verändern ihre Stadt, Hamburg 2007, 99–108.
143 Vgl. Fischer, Robert, Let the People decide. Neighborhood Organizing in America, New York 1994.
144 Vgl. Szynka, Peter, Wurzeln des Community Organizing bei Saul D. Alinsky, in: Stiftung Mitarbeit (Hg.), Handbuch Community Organizing. Theorie und Praxis in Deutschland, ²2015, 11–15.
145 Szynka, Wurzeln des Community Organizing, 15.
146 Richers, Hille, Wie man Community Organizing lernen kann – und warum es hier keine Trainingsunterlagen zu lesen gibt, in: Forum Community Organizing/Stiftung Mitarbeit (Hg.), Handbuch Community Organizing. Theorie und Praxis in Deutschland, Bonn 2015², 89–98, 92.
147 Rothschuh, Michael, Wie ein schwacher Stadtteil stark wird: Die Macht der Selbstorganisation. Community Organizing in Hamburg-Wilhelmsburg, in: Forum Community Organizing/Stiftung Mitarbeit (Hg.), Handbuch Community Organizing. Theorie und Praxis in Deutschland, Bonn 2015², 101–109, 103.
148 Vgl. Cromwell, Paul, »Wenn man Organizing macht, bedeutet das auch, dass man beständig weiter lernt und die Praxis weiterentwickelt.«, in: Forum Community Organizing/Stiftung Mitarbeit (Hg.), Handbuch Community Organizing. Theorie und Praxis in Deutschland, Bonn 2015², 202–203.
149 Werbick, Jürgen, Gegen falsche Alternativen. Warum dem christlichen Glauben nichts Menschliches fremd ist, Ostfildern 2021, 143.
150 Werbick, Gegen falsche Alternativen, 162.
151 Zur Vieldimensionalität des Gemeinwohl-Begriffs: Hammer, Dominik, Gemeinwohl heute?, Dresden 2016.
152 Schüßler, Hybride Komplizenschaften, 47.